U0680277

让 我 们 一 起 追 寻

ZOHO CHUSEI NIHON NO UCHI TO SOTO

Copyright © Shosuke Murai 2013

Chinese translation rights in simplified characters arranged with CHIKUMASHOBO LTD.

through Japan UNI Agency, Inc., Tokyo

Chinese (in Simplified character only) translation copyright © 2021 by Social Sciences Academic

Press (China).

中世日本的内与外

中世日本の内と外

〔日〕村井章介 著

康昊 译

社会科学文献出版社
SOCIAL SCIENCES ACADEMIC PRESS (CHINA)

目　录

译者序

村井章介及其学说

　　能够有机会翻译东京大学教授村井章介先生的著作，我感到非常荣幸。村井先生是知名的日本中世史、日本对外关系史、东亚海域史学者，也是当代盛行的东亚海域史研究领域的奠基者之一，其学说影响早就超越了日本史、亚洲史与世界史的界限，被称为"村井史学"。村井先生是大阪人，后来考入东京大学，随即遭遇了"东大斗争事件"，此后由经济学转修历史学，1974 年加入东京大学史料编纂所，从事日本南北朝时期史料的编纂工作。根据村井先生的自述，他就是在此期间接触到南北朝时期的日本与明朝外交的史料，由此迈入了对外关系史的大门。村井先生于 1985 年出任史料编纂所副教授，1991 年任东京大学文学部副教授，1994 年升任教授，而在此前一年，他取得了东京大学文学博士学位。村井先生的研究涉及多个领域，主要关注日本古代和中世的对外关系、对外观与对外贸易，特别着力于探讨日本与宋元明时期的中国、朝鲜半岛和琉球等的关系，以及东亚各国的相互认识。

村井先生的研究致力于克服单一民族国家的视角，将作为东亚贸易舞台的朝鲜半岛南部，中国的江南沿海地区、山东半岛，以及日本九州，特别是对马、壹岐等以海洋为媒介联系起来的地区称作"环中国海区域""环日本海区域"；并将东亚海域交流的主体，即活跃于中国、日本、朝鲜半岛、琉球等地的海商、禅僧和倭寇等定义为"境界人"。作为各国边缘"灰色地带"的"境界"与东亚海域交流的主体"境界人"是村井史学的核心概念。可以说，村井章介是二战后日本中世对外关系史领域最具代表性的学者，他是从真正意义上以东亚区域史乃至全球史的视角，沟通了日本史和亚洲史，以亚洲史的视角考察中世国家的形成和发展的第一人。其学说进一步影响了榎本涉、桥本雄等年轻一代的对外关系史学者。也正是在村井史学的影响之下，日本百余位学者在 2005 年到 2007 年合作完成了重大科研项目"东亚海域交流与日本传统文化的形成"，极大地推动了东亚海域史研究的发展。

本书一方面主张中世日本内外界限的模糊性，对联系"内外"的境界人群体的存在给予了高度评价，另一方面又强调以"净秽 – 污秽"观念为代表的贵族社会根深蒂固且自我封闭的对外观念。这一认识来自 20 世纪 80 年代村井先生发表的一篇论文《中世日本列岛的地域空间与国家》。他在大山乔平的基础之上，将日本列岛与周边地区的空间理念关系归纳为以京都为中心的同心圆模式，以此解释从内到外——从中心到小中心（譬如镰仓）、边缘、境界、异域——的空间分层。他将这种"净 - 秽同心圆"的观念视作中世日本自我封闭、独善其身的神国思想的来源。这样的观念又因"蒙古袭来"这样的对外危机事件得以广泛渗透或增强，延伸出"朝鲜蔑视观"。由"境界"所派生的"向外"意识与由"净秽"所演化出的"向内"意识的互相对抗，可以说是中世日本内外观的基本线索。

　　村井先生学问精深，远非这一本小书所能概括。事实上正如本书后记和文库版后记所说的那样，这本《中世日本的内与外》由村井先生为东京大学本科生开设的日本史课程的讲义整理而成。因此，本书尽可能地追求语言平实，极少使用日本中世史学的特有概念，也没有添加注释。即便如此，毕竟本书预设的目标读者是日本的青年，因此阅读本书仍需一些基本的日本史知识。并且，本书中出场的大量人名、地名，可能是连日本人都没听说过的小人物、小地方，但这并不会影响读者的阅读体验。在翻译过程中，译者尽可能地参照史料，对书中直接引用的汉文史料进行了还原，非汉文史料则直译为现代汉语。为保持原书行文格式，翻译时未注明史料出处，但本书所引一般为《平安遗文》《镰仓遗文》《大日本古记录》《高丽史》《朝鲜王朝实录》等常见史料，有兴趣的读者可以根据上下文的信息自行查阅。若想进一步了解村井先生的学说，可以进一步阅读更"大部头"的《亚洲中的中世日本》《日本中世境界史论》《日本中世的异文化接触》等书。

　　本书初版于1999年面世，距今已超过二十年。因此，本书的一些观点已经不能代表村井先生现在的研究成果，一些说法在后来的研究当中也得到了修正。关于这一点，译者在文中添加了一些注释略加说明。另外，村井先生的弟子——国际日本文化研究中心的榎本涉副教授撰写了题为"从中世探讨现代人对外观的一本书"的解说，就附在本书末尾，想要了解本书所谈及问题的现今的研究状况，不可不读这篇解说。以上就是译者的一点"画蛇添足"的介绍，还请各位读者自己畅游其间，体会村井史学的魅力吧。

康　昊

2020年9月1日

引　言

混 合 的 内 与 外

现代的日本人是如何认识日本的内与外的？也许人们
脑海中浮现出来的是国际机场的出入境手续、侵犯领海的
"国籍不明船只"或难民船，或者在街角和店铺见到的外国
人。或许也有人会想到"北方四岛"等领土纠纷。有独自
去外国旅游经验的人或许会想到踏入"日本"以外空间时
的孤独和紧张，或者也会有自由与解放的感觉。

不管怎么说，无论是空间（即领土或领海）还是人
（即国籍或居住权），都属于某一个"主权国家"，因此，
现代的内与外是明确地区分开来的。

譬如福建人乘坐的偷渡船在五岛一带被发现，遭当局
逮捕。① 听到这个新闻，有的人认为他们是犯罪者而加以

---

① 指 20 世纪 80 年代末至 90 年代初发生的一系列偷渡事件，以 1993
　　年为例，九起偷渡事件中大部分的出港地是中国福建。（本书所有
　　脚注均为译者注，后文不再特别说明。）

指责，有的人则对他们的境遇表示同情。但无论哪种情况，他们是与"内部"的日本人不同的"外部"人，这一点是一样的。

那么像这样，日本的内与外存在明晰的界限，这种感觉是从很久以前就有的吗？

说起来，"国籍"或"国界"的概念成为世界通行的标准，并非多么古老的事。超越各国疆域普遍适用的"国际法"，是在17世纪上半叶由荷兰法学家胡果·格劳秀斯（Hugo Grotius，1583—1645）理论化的。日本是在讨论如何接受由"黑船"带来的条约体制时，也就是从开国到明治维新的时期，即19世纪下半叶开始接受国际法的各种概念的。

在此，我想提一个可作为思考线索的问题：

北海道除函馆和松前周边以外大部分地区，在江户时代是哪个国家的领土？

11 　　可能有人会认为，当然是日本了。然而，在18世纪末俄国船从北方来到北海道近海之前，江户幕府将北海道大部分地区视作"无主之地"。

在江户时代，北海道唯一存在的藩是以渡岛半岛西南端的松前为城下町①的松前藩。将军换代时，新将军会交付给各藩主再次确认其统治权的书面文件"领知判物"。文件内一般会记载"石高"。所谓石高，就是将藩领的生产力按照大米产量换算的总计数值，是确定租税数量的基准，也显示了藩的地位。但是，交付给松前藩主的领知判物里没有关于石高的记载。

记载在领知判物上的石高，意味着幕府从数量上掌握了该藩领地的多少，并将此范围内的统治权委任给该藩。因此，松前藩并没有被幕府委任北海道的空间统治权。那么，松前藩在北海道实行的统治究竟是什么样的？

日本"内地"各藩大名给家臣发放的俸禄是由藩领租税的一部分充当的。松前藩则是把在北海道河川河口地点设立的与阿依努人进行交易的场所（即"商场"）分给家臣，将"商场"的收益充作俸禄。这叫作"商场知行②制"。这一制度到了江户时代后期变为"商场承包制"，即藩外的商人承包与阿依努人的交易，藩士收取其所获利润的一部分。

在这两种情况下，阿依努人都与"内地"藩领的农民完全不同，没有被纳入幕府和松前藩的空间统治对象。

①　以领主居住的城堡为中心形成的规划性城市，通常由武家地、工商业地、寺社地等构成，是江户时代城市的基本形态。

②　知行，即对土地或财产的控制、管理。

当时的人们称其为"化外之民"。松前藩的统治空间只不过是以松前为中心的北海道南部的一部分。幕府及松前藩将这一区域称作"和人地",除和人地以外的北海道大部分地区与南千岛群岛、库页岛①一起被称作"虾夷地"。

当然在经济上,松前藩士和商人等和人残酷压榨阿依努人,后者的从属程度加深了。此外在政治上,依惯例阿依努首领要对松前藩的官员行一种叫作"Uymam"②的臣服仪式。倒不如说,"化外之民"这一地位使幕府和松前藩从统治者应尽的保护义务中解放出来。

但若将观察点转移到阿依努人一方,"虾夷地"无非是"我们的大地"(ainu mosir③),居住在这里的阿依努人是一个独立的民族,他们以贸易为生,与和人、吉利亚克人(Gilyak)等北方民族,甚至明、清或俄国等都有贸易往来。作为一个民族,阿依努人虽没有建立自己的国家,但内部有北海道西部阿依努、东部阿依努、千岛阿依努、库页(桦太)岛阿依努等从属集团存在,由首领们进行政治统治。在此背景下,发生了1669年的沙牟奢允之战、1789年的国后目梨起义等对和人压迫的事件。

虾夷地的以上状况在俄国人穿过西伯利亚到达东方海

---

① 南千岛群岛日称北方四岛,库页岛日称桦太岛。
② 阿依努语,相当于"御目见得",指有谒见将军资格的旗本武士。
③ 阿依努语。

域，出现在日本近海之时，发生了很大变化。从 1779 年，以俄国船驶抵厚岸、要求与日本通商为契机，一直到 1810 年代，其间相继发生了俄国人到虾夷地殖民，拉克斯曼（Laxman）①、外交使节雷扎诺夫（Rezanov）② 的来航，以及千岛与库页岛上日俄两国势力的冲突。

　　幕府与俄国对抗后，痛感虾夷地的军事重要性，一方面派遣最上德内、间宫林藏、近藤重藏等探索千岛、库页岛地区，另一方面于 1802 年设箱馆奉行③，越过松前藩开始积极管辖虾夷地。此外，1799 年，东虾夷地（北海道太平洋一侧）以七年为限由幕府直辖，1802 年改为无限期，1807 年西虾夷地（北海道日本海一侧）也由幕府直辖了。失去居所的松前氏被转封到陆奥梁川。

　　此后，北方的紧张局势稍微缓解，1821 年虾夷地被归还松前氏，《日美亲善条约》（《神奈川条约》）签订的 1854 年，幕府再度直辖虾夷，设置箱馆奉行。最终到明治维新时，北海道开拓使继承了原箱馆奉行的职责。

　　就这样，日本中央政府不断加强对虾夷地的控制，同时在国际法上，也需要与俄国明确领土关系。1855 年的

---

① 1737—1796，博物学者，出生于芬兰（当时属于瑞典领地）。他当时是俄国科学院成员，为漂流到俄国的大黑屋光太夫的归国提供了很大帮助，1792 年来到库页岛。
② 1764—1807，俄国外交官。
③ 奉行是日本武家时代的官职名，奉命处理公务。

《日俄和亲通好条约》（《下田条约》）规定，千岛群岛中乌鲁普（得抚）岛及其北为俄国领土，伊图鲁普（择捉）岛及其南为日本领土，但库页岛保留了两国人杂居的状况。设置北海道开拓使后，依 1875 年的《桦太与千岛群岛北部互换条约》，库页岛确定为俄国领土，日俄之间的领土问题暂时得到了解决。①

15

然而，如果从阿依努人的视角来看，这一"解决"方案只是通过主权国家间的交涉彻底剥夺了阿依努人"我们的大地"所拥有的权利。

明治维新以后，在"近代的"土地法律制度下，"化外之民"阿依努人对其狩猎或捕捞场所的土地所有权不被承认，很多人被驱离了世代生活的土地。

1899 年明治政府制定《北海道旧土人保护法》，一方面强调保护阿依努人的权利，另一方面却让阿依努人被固定为"二等国民"。顺便说一下，这一法律随"阿依努新法"②的生效而废止，这是在 1997 年的事情，希望大家

---

① 库页岛曾为中国直接或间接统治。1689 年 9 月 7 日，中俄两国签订《尼布楚条约》，确定黑龙江和乌苏里江流域（包括库页岛在内）的广大地区属于中国领土。1858 年和 1860 年，俄国和清政府分别签订《瑷珲条约》和《中俄北京条约》，清政府被迫割让库页岛给俄国。

② 即《阿依努文化振兴法》。2019 年日本国会通过《阿依努民族支援法》，旧法随之失效。

牢记这一点。

如上所述，我们感到理所当然的国界、国籍等概念严格来说是近代的产物。在前近代，国家疆域的外围地区与中心地区具有不同的特征，前者的居民作为"化外之民"，基本上不属于政治统治对象。并且同一空间也是邻国的外围地区。我把这样的空间叫作国家疆域之间的"境界"①。

这里所说的"境界"，与现代地图上用线条表示的、没有面积的国界不同。如虾夷地的事例所见的那样，"境界"本身范围很广。并且正如阿依努人这样，很多人便生活在这宽广的地域内。"境界"的经济基础是连接多个国家空间的贸易活动，阿依努人这样的人——可以将其概念化为"境界人"——正是此种贸易中的核心人物。

换言之，前近代的内与外并不能区分为两个特征迥异的空间。两者间隔着"境界"，从内向外、从外向内都是连续的空间。我想以日本的中世②——此处所指比通说更

①　"境界"与"境界人"是村井史学的核心概念，"境界"的本意为边界，但此处的含义与中文的边界有所不同，指的是各国统治空间的边缘相交之处的"场域"。为了突出场域的特征，本书保留原文中表达场域的"境界"一词。

②　一般日本史分为古代（11世纪末以前）、中世（11世纪末至16世纪末）、近世（16世纪末至19世纪中叶）、近现代（19世纪中叶至现在）。作者立足于东亚海域史的视角，将中世的上限提前到9世纪。

中世日本的内与外

宽泛一些，为 9 世纪到 17 世纪上半叶——为范围来考察这种独特的内外关系。这是贯穿本书的第一个视角。

再者，思考内与外的历史时，还有一个有效的视角——"比较史"视角，即沿某个中轴比较"内"和"外"，由此能更加深入地理解"内"的本质。

若看先前所举的江户时代的虾夷地的例子，日本与俄国都想把"境界"纳入自己的版图，但其方法很不一样：日本采取的是以幕府或和人的"德"，招揽阿依努人到贸易场所的方法；俄国人则采取了自己到阿依努社会当中"殖民"以确保据点的方法。这种差异源于中华文明圈与欧洲文明圈如何接触"外部"世界的传统差异。

本书试图通过日本与朝鲜等亚洲其他地区的比较，来探究中世日本的发展历程所具有的意义。

17

第一章

自尊与憧憬

中世贵族的对外认识

两道太政官符

日本中世的统治阶层是怎样认识国内和国外的？这样 20
的认识与古代有何区别？这样的认识在对待由"外部"
进入"内部"的人们的态度上反映得最为真实。因此，
下面我们来对比阅读两道太政官符（由律令国家①最高机
构太政官发布的命令文书，也略称为"官符"），这两道
官符决定了从朝鲜半岛上的新罗来到日本大宰府的人所受
的待遇。

第一道是奈良时代宝龟五年（774）的官符：

> 新罗国人时有来着。或是归化，或是流来。凡此
> 流来非其本意。宜每到放还，以彰弘恕。若驾船破
> 损，亦无资粮者，量加修理，给粮发遣。但归化来
> 者，依例申上。

新罗人请求归化，这是显示日本国家怀远以德的证 21
据，律令国家的方针是允许他们在日本国内居住。放还漂

---

① 古代日本仿效隋唐实行律令制，故将古代日本政权称作"律令
国家"。

来者（流来者）① 同样表现出日本想要显示国家宽宏大量的意识。

第二道是平安时代初期承和九年（842）的官符：

> 大宰大贰② 从四位上藤原朝臣卫奏状称：新罗朝贡其来尚矣。而起自圣武皇帝之代 ［724—749］③，迄于圣朝，不用旧例，常怀奸心，苞茅不贡，寄事商卖，窥国消息。方今民穷食乏，若有不虞，何用防夭。望请一切禁断，不入境内者，……夫德泽洎远，外番归化，专禁入境，事似不仁。宜比于流来，宛粮放还。

这里也能看到将归化视作有德之证的想法，但值得注意的是，国家已然没有显示度量的余力，对新罗人也起了疑心。日本改变了接收归化新罗人的方针，同样以对待漂来者的方式处理，也就是给他们粮食让他们回国。

如此重大的国家方针转变因何而起？想要解开这个谜

---

① 海上航行时遭遇风暴等事故，意外漂流到日本的人。

② 大宰大贰为大宰府的次官，长官为大宰帅。

③ 引文中的方括号内加注的内容为本书作者所加，后文不再另做说明。

题，就要回顾日本与新罗的关系史。

新罗于 676 年统一朝鲜半岛，735 年与唐约定以大同江为国界。此时的新罗，已经没有像三国时代那样为了强化外交立场而向日本朝贡的动机。842 年的官符记载，从圣武天皇时代起两国关系逐渐恶化，而圣武天皇时代正是新罗一改作为朝贡国的态度，试图与日本构建对等关系并展开行动的时期。

735 年，新罗派往日本的使者因为新罗未经日本许可就将国号改为"王城国"而被驱逐。次年，日本的遣新罗使者也被驱逐出新罗。这名使者于 737 年回国复命称"新罗国失常礼，不受使旨"。奈良的朝廷中甚至有"派兵征伐"这样的强硬主张，但最终只是决定向伊势神宫和北九州的主要神社献上贡品，向神明报告"新罗无礼之状"而已。

743 年来日本的新罗使节不再像此前一样将带来的土特产称作"调"，而使用了"土毛"一词。"调"指朝贡国献上的进贡品，"土毛"则只是土特产的意思，不含有上下关系的意味。

日本对新罗的如此态度激愤不已，759 年起以藤原仲麻吕（惠美押胜）为中心制订了讨伐新罗的计划，距离实施仅一步之遥；在此期间也并未停止驱逐新罗使节，最终新罗在 779 年以后不再向日本派遣使节了。

自我封闭的贵族

日本与新罗关系的冷却，并非仅因为新罗谋求独立的态度。天长八年（831）的官符规定，新罗人带到大宰府的商品需要在府官（大宰府官吏）在场的情况下按照法定的价格进行交易，并且描述了日本九州的人在外国商品面前的表现是"愚暗人民倾覆柜逯，踊贵竞买，物是非可韬遵弊则家资殆罄，耽外土之声闻，蔑境内之贵物"。

24　　840 年，新罗地方豪族、在东海贸易中攫取巨利的张宝高①派遣使者到大宰府献上礼物，但中央政府以张宝高无外交资格为由命令将其驱逐。然而，当地的筑前守②文室宫田麻吕秘密地与张宝高达成了"唐国货物"的采购协议。从这里可以看出，九州的人们与新罗的地方势力试图绕过国家间的外交建立联系。

而且这样的联系很可能暗藏着能够动摇两国国家统治的危险。当时两国的古代统治体制正好都有了破绽，出现了中央政府不能完全掌控地方的事态。之前提到的 842 年

---

① 著名新罗商人，在史料中又有"张宝皋""张保皋"等不同转写，活跃于唐、朝鲜半岛和日本之间，曾任新罗清海镇大使等职，并为日本僧人圆仁入唐提供了支持。

② 筑前即今福冈县西部地区。筑前守为筑前的行政长官（国司）。

官符表达了"方今民穷食乏，若有不虞，何用防天"的不安，而上文提到的文室宫田麻吕于843年就因谋反罪被流放到伊豆国。

张宝高的根据地是位于朝鲜半岛西南岸莞岛的坚固海上城池——清海镇，此地乃通航中国或日本的绝佳要地。他也因为深陷新罗政权的内部斗争，于841年发起叛乱后最终被杀。

839年，朝廷命令大宰府建造"新罗船"，因为它能很好地抵御风浪，张宝高势力纵横往来三国也许靠的就是这样的船只。日本的造船技术不如新罗，使得日本政府对国防没有信心。

869年，影响日本政府对新罗态度的决定性事件爆发了。新罗的两艘海盗船出现在筑前国那珂郡荒津，袭击了丰前国的贡品运输船，劫掠了绢和棉之后逃走。虽然这只不过是小规模的海盗事件，但因为是在大宰府眼皮底下劫走了给国家的贡品，日本一方受到的冲击十分巨大。

次年，朝廷官员到伊势神宫和宗像大社的神明面前朗读了天皇的诏书，祈求国家安泰。其诏书写道："我日本国，所谓神明之国，神明之助护赐，何兵寇可近来。"日后作为日本人的国家意识而广为流传的"神国思想"在此明确地出现了。

此外，作为"神国思想"的另一面，日本人开始露骨地表现出对新罗人的猜疑和蔑视。870 年，朝廷下令将来到九州请求归化的 30 名新罗人与之前就住在九州的新罗人一起移送到 "陆奥①之空地"。记录了此事的天皇诏书上载，"蕞尔［微不足道的］新罗，凶毒狼戾［性如狼一般乖僻］"，"这群人虽然表面上装作归化，内心却怀有篡逆之谋，若新罗侵略我邦，他们必为内应"。

我们不认为 8 世纪到 9 世纪住在日本国内的归化新罗人自身的性质发生了根本性的变化，发生变化的应该是盯着他们的日本统治阶层。这一时期引人注目的归化新罗人的反抗事件之所以发生，应该也是因为他们一直遭受猜疑和歧视。

新罗的威胁也影响到了古代日本十分重视的与唐的关系。遣唐使有意回避经由朝鲜半岛西海岸的航海路线，转而使用在当时的航海技术条件下危险得多的东海直航路线和琉球群岛路线。然而进入 9 世纪以后，世界帝国大唐明显呈现颓势，冒着巨大危险派遣使节去唐的利好也就逐渐消失了。

838 年出发、839 年回国的第十六次遣唐使成了最后一次遣唐使。这与日本发布对归化新罗人的态度转向排外的官符一事几乎同时发生，应该不是偶然。

---

① 陆奥为日本东北地区。

刚才提到的 870 年的天皇诏书中列举了"国家的大祸"，除了新罗的威胁之外，还有"夷俘［虾夷］的叛乱""畿内地区的盗贼祸乱""水旱风雨""疫病饥荒"。国家内外均面临各种困难，于是日本人就形成了以下思维模式，即依靠神明的灵验之力维护庄严体面，通过在被守卫的空间（即神国）里闭门不出，将与中国对等并对朝鲜半岛保持优越性的这种日本统治阶层所盼望的对外关系保留在观念之中。这就成了日后贵族们对外观念的传统。

内外的阻断

如前文所述，统治阶层自我封闭的对外态势成形于 9 世纪，这也是忌讳污秽①的观念对他们的意识起决定性作用的时代。平安时代贵族对污秽的惧怕，有的已超出我们的常识所能理解的范围。

建筑物的屋顶落了鸟粪，这种程度的事就能引起轩然大波。而且，他们认为，如果某空间（甲）被污秽侵入，不经意间进入这个空间的人（乙）也会沾染污秽，然后与这个人接触的另一人（丙）也就被传染了污秽；按照

28

---

①　日语原文为"ケガレ"（kegare），为民俗学与历史学常用词语，指被忌讳的不净事物和状态，通常与神祇祭祀有关。

污秽传染的顺序将其称作甲秽、乙秽、丙秽，根据各自的情况详细地规定清除污秽的手段，以及消除污秽所需的时间。

这种污秽观念与国家疆域观是有关联的。日本贞观年间（859—877）完成的《仪式》一书中记录了相当于现在节分①时的追傩仪式的内容，10世纪初的《延喜式》也延续了这样的记述，其中出现了对日本国东西南北界限的描述：

> 日本各处村庄隐藏的污秽疫鬼啊，请去距离日本千里之外的地方，请将日本四方的边界以外，即东方陆奥、西方远值嘉［五岛列岛］、南方土佐、北方佐渡以外更远的地方作为疫鬼的居所，去那里居住。

随节分而至的鬼是现出身形的污秽物。将鬼驱逐至境外，就能保证国家疆域内是清净的空间。

29　　换言之，国家的疆域被视为将污秽从内部驱逐至外部的广阔空间。国家疆域内部并不是一模一样的清净空间，人们认为按照边界地带—西国（日本西部）以外—西国—

---

① 立春、立夏、立秋、立冬的前一天。

洛中（京都）—内里（天皇居所）的顺序，离中央越近，清净的程度就越高。清净的最中心是天皇本人的身体，离之越远，就越成为相对污秽的空间。我将这样的空间观念称作"净－秽同心圆"。

出现在京都的疫鬼（《**融通念佛缘起绘卷**》，**克利夫兰美术馆藏**）

方才我们提到，将日本的国家疆域视作由神明灵力守卫的神圣空间这一"神国思想"登上了历史舞台，那些侵入神圣空间的外部威胁被看作污秽之物。在中世文学作品中，居住在日本疆界以外的虾夷和蒙古族被描绘成鬼一般的形象，就是其证据。

此外，872 年京都流行"咳逆病"的时候，人们传言

中世日本的内与外

被描绘成鬼的蒙古人（《百合若大臣》插图，东京大学附属综合图书馆藏）

前一年来到加贺国①的渤海使团带来的"异土毒气"是罪魁祸首。朝廷在建礼门前举行祓禳，欲将毒气驱逐出去。

如上所述，鲜明地区分内外（内部＝神国＝清净，外部＝异土＝污秽），切断内外往来，以保障内部清净的做法成了中世贵族基本的对外态度。1162 年，太政大臣②藤原伊通在呈给二条天皇的教训书《大槐秘抄》中写道：

　　　　日本是神国，不只是高丽，邻国都恐惧胆战，一点

①　今石川县南部。
②　太政官制下朝廷的最高官职，通常为名誉职位。

也不会有染指日本的想法。镇西［指九州］直到今日仍是敌国之人聚集之地。日本这边有对马国①人渡海到高丽，但这与宋人渡海到日本的情况不同。衣衫褴褛的商人仅仅携带着稀少的货物就过去了，这的的确确有可能导致国威受辱。因此，日本要制定相应的"制"。

一面夸示"神国"的灵力，一面又不愿让敌国看见自己贫弱的内情，因此设"制"……虽然不知道这样的"制"是不是成文的法令，但我们认为渡海之制，也就是限制从日本外出的国家法令在 10 世纪初期的延喜年间已经形成了。这样的法令是切断神国与敌国联系的手段。换言之，可以说对中世贵族而言，国境是将作为神圣空间的日本保护起来、阻断污秽的外部世界的影响的高墙。

奝然入宋

然而，以上所述并不是中世贵族对外态度的全部。 32 841 年，张宝高的使者虽然被驱逐了，但在民间仍能交易使者所携带的货物。842 年的官符虽禁止接收归化的新罗人，但也提到："商人扬帆来航时，允许他们在民间自由

---

① 对马岛，九州岛西部岛屿。

交易货物，交易完毕后令其回国。"

在坚持自尊和孤立态度的同时，贵族们切实确保了海外产品，特别是令他们赞叹不已的"唐物"的入手渠道的通畅。

同时在国外，以正式国家关系为前提的遣唐使贸易没落，民间主导的交易活动发展起来。

838 年与遣唐使一同出发的天台山僧人圆仁遍访唐的佛教圣地和大都市。在繁华都市扬州，他遇到了一个名叫王请的新罗人。王请于 819 年与一个叫张觉济的中国人同船出海进行各种商品的贸易，因遭遇风暴而漂流到日本的出羽国，而后又从出羽国漂流到长门国。因为拥有如此经历，他成了颇为厉害的日语达人。

此后圆仁前往山东半岛一个叫作赤山的港口城镇，那里有张宝高建立的赤山法华院，周边是新罗人的聚居区。圆仁于 847 年在此处乘坐新罗人的船只回国。

由多民族构成的、跨越国界活动的贸易集团往来于日本海、黄海、东海，在朝鲜半岛西南端和山东半岛东端这些重要地点建立了他们的活动基地。

去程乘坐遣唐使船，返程使用新罗商船——圆仁往返中国的行程简直就是东亚交往重心由国家间外交转向民间商业活动这一状况的象征。随着唐帝国于 907 年灭亡，经过五代十国的分裂时期，960 年北宋建国，这样的趋势进一步加强。

983 年，东大寺僧人奝然渡海入宋。奝然觐见了北宋第二位皇帝太宗，向他介绍了日本国情，并于 986 年携带《大藏经》一部、释迦如来像一尊回国。

这部《大藏经》是世界上最早的印刷《大藏经》。北宋建国后不久，依皇帝敕命，开始在四川雕造经版，983 年完成印制。这部《大藏经》被叫作"蜀版"或"开宝藏"，一部就有 5300 余卷的庞大容量，现在全世界也仅存数卷而已。

奝然带回日本的蜀版《大藏经》被送到藤原氏的氏寺①法成寺供奉，但遗憾的是，它与法成寺命运与共，一同被毁。

另外，他带回的释迦如来像是模造像，原是藏于宋朝都城汴京的寺院之中、在天竺按照释迦生前的样貌雕造的等身高立像，奝然见之感动，遂让宋朝匠人仿造。此像现藏于京都西郊嵯峨清凉寺，为清凉寺本尊佛像，并被认定为日本国宝。

在某种意义上，奝然入宋在中日关系史上是具有划时代意义的事件。翻看叙述宋代历史的正史《宋史》外国传的日本条目（一般称为《宋史·日本传》），全文约

35

---

① 某个氏族建立并世代皈依的寺院。

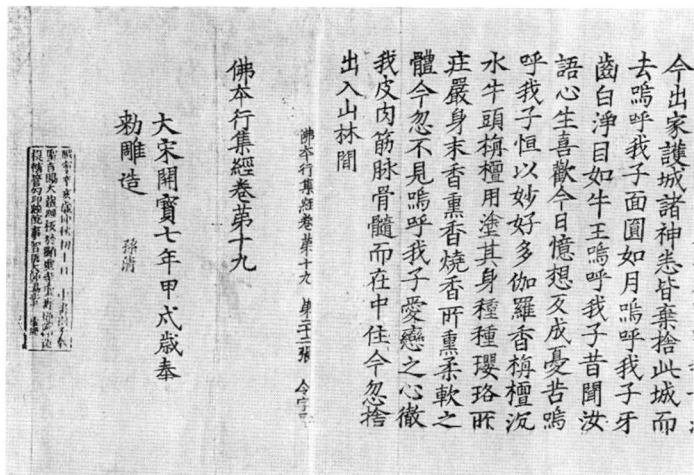

蜀版《大藏经》残本（属于南禅寺一切经的一部分）

3100 字，其中八成是与奝然有关的记录，而且一大半内容是奝然向宋太宗介绍日本国情，以及引用他携带的《王年代纪》一书的内容。

其中令宋太宗感叹的是，天皇家作为日本唯一的皇室家族连绵不绝，臣下也是代代世袭官职这一点。宋太宗羡慕地说："此盖古之道也。"

日本派出遣隋使、遣唐使多达十余次，相应地也应该有相当多关于日本的介绍，但这些信息几乎没有反映在《隋书》和《唐书》里面。这是因为奝然以私人身份自由讲述的信息才极大地刷新了中国人的日本观。

也有说法强调奝然入宋"带有国家（官方）性质"，

也就是说，日本政府赋予奝然摸索与宋交往的途径这一国家使命。

但是，奝然自身关心的是巡礼佛教圣地，他说自己"突然发私心，最终报知官府"入宋。他的动机说到底还是个人目的，报告"官府"和获得天皇许可，只不过是实现目的的手段而已。日本政府即便通过奝然获得了宋的信息和文化物品，也与遣唐使那样积极的使节派遣不同，不过是搭了他的巡礼旅行的便车而已。

然而，奝然的入宋被视作接受了摄关家①的经济援助。《大藏经》后来被送入法成寺供奉也许正是因为如此。上层贵族避免与宋建立官方的关系，实质上却试图获取宋的文化物品和信息。这样的态度在前述 9 世纪接待外来商人的态度中已能见到，10 世纪以后以接待"宋朝客商"的形式延续下来。

此外，奝然以后，僧侣因私人的动机渡海前往中国这一形式的中日交流渠道形成，取代了官方使节派遣。带有超越世俗世界秩序体系性质的僧侣是承担这种非官方关系的便利角色。对外关系与官方和僧侣的密切关系是中世这一时代的特征之一，接下来将长久地持续下去。

①　世袭担任朝廷政治最高层摄政、关白的藤原氏嫡系家族。

真身佛

现在我们将目光转向清凉寺，来看看奝然请回来的释迦像。

这尊佛像由生长在中国江南的蔷薇科李属的"魏氏樱桃"制成，在日本，人们以香木的代名词"旃檀"来称呼这种树木。佛像经多块木材拼接而成，高 160 厘米，大约与真人同高。

38　　这尊释迦像右肘蜷曲，左手低垂，双手五指并伸，手掌于两肋处向前展开。右手结"施无畏印"，表布施无畏之力于众生之意；左手结"与愿印"，示顺应众生祈愿而广施财物之意。

佛像头发并非常见的螺发式样，而是如旋涡般的绳状，衣纹紧贴肌肤，显出密密麻麻的平行线，衣襟处可见内衣两重。嵌着黑色眼珠、细长而清秀的双眼令人印象特别深刻。虽呈冥想神态，却目光如炬，透露出一种别样的异国风情。

这尊释迦像自舶来日本之始，就被视作无与伦比的灵验佛像，受到了人们的喜爱。《保元物语》中描绘了平安时代末期的状况："上自天皇，下至万民，僧俗贵贱，无不为之垂首接踵，盛况至今不绝。"

清凉寺释迦像的原型是北宋汴京的"释迦真身像"，

也就是被视作释迦牟尼弟子优填王在天竺依据释迦的真实样貌塑造的佛像。传说这尊佛像由鸠摩罗琰①带到中国，白天鸠摩罗琰背着佛像前行，晚上佛像背着鸠摩罗琰前行，如此千里迢迢而来。

清凉寺释迦像由于逼真仿造了汴京的真身像，因而也被叫作"释迦真身像"。《清凉寺缘起》强调说："勿要当作普通的木像，务必以拜见释迦真身的心情礼拜。"

背着释迦像的鸠摩罗琰（《清凉寺缘起绘卷》，京都清凉寺藏）

---

①　又作"鸠摩罗炎"，为鸠摩罗什之父。

39 　　根据二战后的调查，在清凉寺释迦像体内发现了古文书、丝制五脏、经卷、版画、镜子、古钱等贵重供奉品。这些供奉品也一并被认定为日本国宝。

　　根据其中的古文书可以知道，北宋雍熙二年（985）七月二十一日至八月十八日，佛师张延皎、张延袭兄弟受奝然委托，耗时不足一月便完成了佛像制作。制作时间如此之短，而佛像又如此之精美，这样高超的技术水平实在 40 令人赞叹不已。此外，丝制五脏的内脏模型是由台州尼僧清晓等人捐献的。由此可知，这尊佛像在制作之初就已经被视作有生命之物了。

　　关于人们对清凉寺释迦像的信仰，最有趣的是 11 世纪末以后，日本各地制作了大量的清凉寺释迦像复制品。1119 年，关白藤原忠实之妻师子模仿清凉寺释迦像制作"释迦等身像"一尊，送至鸭院殿供养。现存最早的清凉寺释迦像复制品是京都府宇治市三室户寺内的一尊佛像，据推定制作于 1098 年。后来到了镰仓时代，清凉寺释迦像的仿造大为盛行，至今尚存原样复制品 68 尊（其中 20 尊为日本国家级重要文物），稍有变形的复制品 23 尊。在美术史上，这些塑像总称"清凉寺式释迦像"。

　　这些复制品的背后是百姓们对释迦真身寄托的殷切 42 希望。奈良唐招提寺释迦像的体内发现了 150 多张纸写成的文书，上面写满了约一万名生者和死者的名字。另外，在千叶县茂原市永兴寺的释迦像体内，也发现了写有 120 多个人名的文书 26 篇，其中 1/3 以上是女性名字。

另外，在诸多清凉寺像的复制品之中，据说有一些与原像以同种制作方法或者由同一木材制成。换句话说，他们否认自己的佛像是复制品，主张它与原像具有同等价值。事实上，同样的说明方式在清凉寺释迦像身上也出现了。

1177 年，因为企图打倒平氏的阴谋暴露，平康赖被流放到鬼界岛，次年得到赦免回京，回京后不久写作了一部说话集①《宝物集》。在《宝物集》的开篇，他这样记述 1178 年的京都："纷乱世间，搅扰不止，嵯峨的释迦佛像竟然真的要回到天竺了，京都的人们于是纷至沓来，摩肩接踵。"

因为有传言说，对乱世感到厌烦的释迦像将要回到出生地天竺，要参拜释迦像就得趁现在了，所以大量的参拜者纷纷赶到清凉寺礼佛。接着《宝物集》又记载了关于 43 释迦像的一个奇怪的逸事：

---

①　说话文学，即神话、传说、民间逸事等。

清凉寺式释迦像的分布。●是原样复制像，×是变形像

东大寺奝然圣人入唐（宋）时曾礼拜此佛像，奝然欣然说道："仅我一人礼拜此佛像毫无意义，我当仿造此像，让日本国的人们都有机会礼拜。"奝然于是向国王［宋太宗］上奏，宋太宗为弘扬佛像，遂下旨允准。奝然欣喜万分，于是立即着手仿造佛像，此时旃檀佛像在梦中对奝然说："我愿施利于东土众生，你应将我带回。"奝然遂醒，将新仿造的佛像用烟熏成旧佛像的样子，暗中替换旃檀佛像，把原像带了回来。于是，据说两传的佛像就安放于此。

奝然根据释迦像亲嘱，用烟把佛师新造的佛像熏成古色，偷梁换柱，把原像带回日本。这是赝品制造者的常见手段，江户时代学者屋代弘贤也用极其惊讶的口吻说道："如果真有其事，奝然在宋朝就成了一介贼人，僧侣须恪守戒律，故而大约并无此事。而且，堂堂佛陀又怎会教人盗窃之术？"

然而，在源平内乱前夜不安定的局势之下，人们相信奝然曾盗取佛像带回日本，否定清凉寺释迦像是复制品的事实。所谓"两传的佛像"，就是以优填王像为初传，被带到中国的佛像为二传[①]。但到了中世，也

---

① 据小泉弘等校注《新日本古典文学大系40》（『新日本古典文学大系40』東京、岩波書店、1993）所收《宝物集》注释，天竺经龟兹至中国为初传，中国至日本为二传。

有人视"两传说"为荒诞的无稽之谈，对其加以否定。

譬如说，著名学僧虎关师炼于 1322 年完成的《元亨释书》所收奝然传记中记载："礼优填第二模像（复制品）[即'两传的佛像']，乃雇佛工张荣模刻而得之。"（工匠名字与释迦像体内文书上的记载不同，理由不明。）

但这只不过是知识阶层的说法。在说唱文学、缘起①、词典等社会基础更广泛的作品当中，"两传说"极为盛行。与此同时，清凉寺释迦像仿造的热潮犹如热病一样蔓延开来，将清凉寺释迦像视作释迦牟尼真身像的说法也因此被人广为信奉。

45　　　这些传说否定优填王像→清凉寺像→清凉寺式像这种两阶段的复制过程，这样一来，眼前的复制品就摇身一变，成了释迦真身。释迦生前的天竺这一遥不可及的时空骤然消失，在佛教世界边缘地区的末法浊世中苦苦挣扎的人们获得了与释迦真身面对面这一无上福报的体验。

就像这样，中世的人们对与边地小国日本截然不同的佛教世界中心天竺，以及优填王像永留之地震旦（中国）抱有强烈的憧憬。这样的憧憬横贯日本东西，穿越前述的"净－秽同心圆"，扩展到与大陆相连的交通沿线地区，也就是濑户内—畿内—东海道的人们中间。

---

① 介绍寺社、宝物由来和灵验的文本或图像。

朝鲜观的问题

前文当中，通过清凉寺释迦像及其复制品，我们看到对天竺、震旦的憧憬是使"净－秽同心圆"失去绝对性的要素，但其中缺失了朝鲜半岛这一部分。佛教并不是直接由震旦（中国）传到本朝（日本）来的。中世的"三国"佛教世界观由天竺、震旦、日本构成，直接向日本传来佛教的朝鲜半岛的位置却完全缺失了。

中世人并非没有意识到这一点。有一个叫瑞溪周凤①的室町时代禅僧，他说"三韩"隶属于中国，但日本并不隶属于他国，因此单独讨论"三韩"并无必要。通过这样的逻辑，日本站到了比朝鲜半岛各国更高的位置，获得了优越感。维持着这种优越感的就是神国思想，即认为日本是被神明守护的国家。

借助神国思想，日本成功地将自己置于特别神圣的位置，接下来更是相应地克服了"佛法边境"这一悲惨的自我认识。虽说出现了逆转旧有价值次序的"三国第一乃我朝"这样的语句，神国思想却以原有的形式轻轻松松地将处于边土的日本变为体现最高价值的存在，好比把

①　室町时代著名禅僧，著有《善邻国宝记》。

46

中世日本的内与外

手套里外翻了个儿一样。

说到朝鲜半岛的定位，就要提到体现中世国家边界的代表性地名——外滨和鬼界岛。再加上包括高丽在内的用法，譬如"鬼界、高丽"这样排列的词语，出现在中世的文学作品当中。这种将朝鲜半岛的国家视作本国边境的观点，经过"蒙古袭来"这一事件进一步传播，朝鲜蔑视观由此产生。

譬如说，《日本书纪》所见"神功皇后征伐三韩"①的传说，也在镰仓时代末期的《八幡愚童训》这一八幡缘起故事中被狡猾地夸大了——败给神功皇后的新罗王发誓说："我等愿做日本的狗，守卫日本，每年向日本交纳八十艘船的租税。"② 神功皇后听后，在身旁的石头上写下"新罗国大王日本国犬也"。

但是，不是所有的中世人都有这样的世界观。阶层越往下，地理位置上离中央越远，与之不同的观念越处于优势地位。

一部信浓国善光寺本尊阿弥陀佛的缘起可作为思考这一问题的适当材料。这尊阿弥陀佛像与清凉寺释迦像非常

---

① 神功皇后是日本神话之中仲哀天皇的皇后，据传仲哀天皇死后她作为女性君主远征朝鲜半岛，降伏新罗。

② 原文为"我等日本国成犬，即可守护日本，每年八十艘御年贡可奉备"。

相似，人们应该也相信它是"三国传来"的真身佛像。
而且与清凉寺式释迦像情况相同的是，善光寺像的复制品
也被大量制作出来，其数量达到清凉寺式像的 2.5 倍，以
关东地区为中心，遍布全国。从这里我们也能看出人们对
天竺的憧憬。

　　然而有趣的是，善光寺缘起所见的"三国"，指代的
是天竺、百济和日本，震旦不在其中。文章中将百济王称
作天皇，把百济王宫叫作内里，认为百济和日本地位同
等。在这里，我们看不到八幡缘起中歧视或蔑视朝鲜的
观念。

　　在包括善光寺（信浓）在内的东国（日本东部地区），
畏惧污秽的观念比西国（以京都为中心的西部地区）要
弱，这个事实与上述观念有关。

　　比如说，信浓诹访社的缘起把狩猎说成让野兽成佛
的善行。因为诹访是狩猎之神，所以血污的观念不能被
完全接受。这就需要将杀兽流血合理化的逻辑。与之形
成鲜明对照的是，京都南面的石清水八幡宫对血污异常
地忌惮。

　　如前所述，中世统治阶层一边对"神国"保持自尊，
一边对天竺、震旦充满憧憬，这种共存且特殊的自我和他
者意识绝非适用于所有地区和所有阶层的人。但我们也不
能忽视，在关于世界的知识主要被统治阶层垄断的中世社

48

50

善光寺式阿弥陀佛三尊像的分布（出自『長野県史』通史編 **2**）

会当中，统治阶层世界观的影响力正如字面一样处于统治地位。

在这一层意义上，大约 9 世纪诞生的中世贵族的世界观是否仍在影响着当今我们的对外认识，尚有反省的价值。有人仅从明治时代以后统治阶层的思想灌输上寻找近代日本的朝鲜蔑视观的根源，与前近代割裂开来，但我并不认为这是正确的想法。

第二章

陶瓷器、钱币与平氏政权

往来于国界的人与物

福冈市博多区店屋町的白瓷出土状况（出自『よみがえる
中世』1）

平氏政权的登场与外交态度的转变

如前所述，9 世纪诞生的贵族的对外观构成了中世至 52
近世日本对外观的骨架，但这种对外观并不是一成不变
的。最初的大动摇是由"院政"这一政治形态的出现所
带来的。

一般来说院政的政治意义在于，"院"① 一方面让出
天皇的皇位，从维持其神圣性的种种制约当中获得自由；
另一方面作为对天皇拥有父权之人、天皇家的家长，居于
国家顶端，可作为俗世的一员施行专制权力。传统对外观
的克服也可以说是从同样的根源而来。

9 世纪以后，天皇和上皇并不喜欢与外国人见面，现
代人可能很难理解这一点。

9 世纪和 10 世纪之交在位的宇多、醍醐两位天皇被
视作中世贵族社会良好传统的创立者，二人的治世被称作
"宽平延喜之圣代"。

据传，宇多天皇临终时说："万不得已要接见外国客
人的时候，应该挂上帘子。"醍醐天皇则将外国占卜师进 53

① 　此处的"院"指退位的天皇，即上皇，或出家的上皇（法皇）。其
中执政的"院"被称作"治天之君"。

入洛中一事称作"贤王之误、本朝之耻"而感到悔恨。

另外，宇多天皇懊悔自己曾与画师见面，遂告诫其子醍醐天皇。12世纪下半叶记录了这一故事的中层贵族中山忠亲评论道："本朝人尚且如此，外国人则更甚，若是有风俗不同的远方人前来，应该画下他的容貌呈报天皇御览［不让他与天皇见面］。"我们可以从中看到决心从异国带来的污秽之中守护天皇或上皇的意识。

然而，在中山忠亲生活的1170年，后白河法皇前往平清盛的福原山庄（位于今神户市兵库区），与来到大轮田泊（神户港的前身）的宋人见面。听闻此事，右大臣九条兼实愤怒地大发牢骚："本朝自延喜以来就不曾有这样的事了，这是天魔所为吧！"[1] 长年以来的禁忌就这样被院自己和平氏政权携手破坏了。

在鸟羽院政时代（1129—1156），平清盛之父平忠盛因为在西国抓捕海盗等功绩受到了院的认可。1133年，平忠盛作为院司（院厅的僚属）[2] 获得了"备前守"的官职，并担任院名下的庄园——肥前国神崎庄的预所[3]，此时一个名叫周新的宋朝商人的船只抵达了神崎庄。大宰

54

---

① 原文为"我朝延喜以来未曾有事也，天魔之所为欤"。
② 院厅为院设立的家政机关，负责管理院的领地等事务，担任院司（院的家司）的多为朝廷中院的亲信官员。与之类似，摄关家也设有自己的家司和家政机构。
③ 管理庄园的职衔。

府的官吏按照法令的规定欲前来办理手续，平忠盛却自称奉了院的命令，向当地下达了"神崎庄乃院的领地，不受大宰府的干涉"的指令。

　　一个叫作源师时的中层贵族听闻此事后骂道："简直荒谬至极。日本之衰亡自不用说，受了外国的污辱却仍无动于衷。这正是院的亲信们如猴如狗一般的行为所致。"从最初开始，平氏就在与院建立政治关系的同时，利用了在律令制统治体系之外具有独立性的庄园，通过获得商贸之利而实现了本氏族的迅速抬头。

　　在院政时代，不只是政治形态，经济的基础构造也发生了很大变化。寄进型庄园①大量出现，被称作庄园公领制②的中世土地制度正式确立，此外，随着中国的钱币大量流入，货币经济确已到来。③

　　平氏政权对这样的经济变化尤为敏感。平氏一门掌握 56 的与大陆关系密切的九州、西国方面大量领地，1183 年因平氏被逐出京都而被后白河法皇没收，这些旧领地被称作"平家没官领"，以西日本为中心，有 500 处以上。

　　　①　即自下而上将土地所有权赠予大贵族与大寺社的行为，但目前的研究一般认为自上而下的"立庄"是中世庄园产生的主要原因。
　　　②　由庄园和公领（国衙领）共同构成的土地制度。前者为贵族、寺社的私产，后者虽名为公领，实则各国（大行政区）通过成为天皇家及大贵族"知行国"的方式同样转化为私产，或者公私不分。
　　　③　地租的缴纳由货币取代稻米等实物，被称作"代钱纳"。

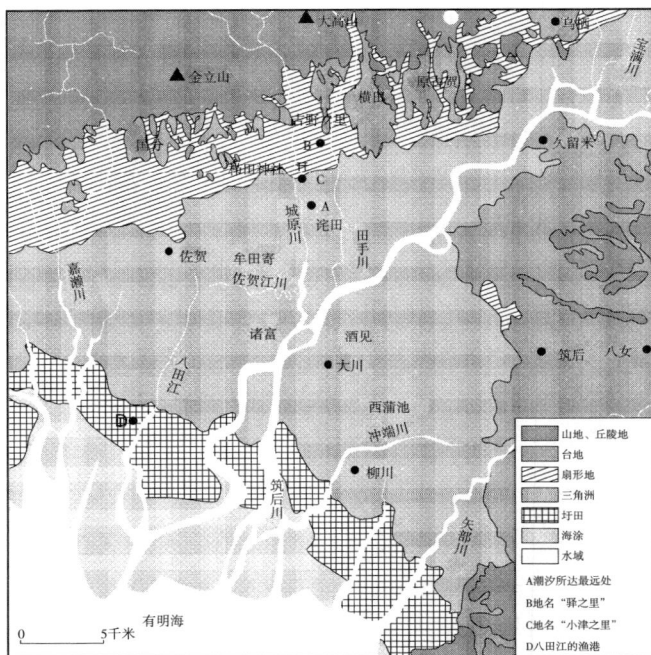

山地、丘陵地
台地
扇形地
三角洲
圩田
海涂
水域

A潮汐所达最远处
B地名"骈之里"
C地名"小津之里"
D八田江的渔港

神崎庄地图 （日下雅义绘制）

　　1158 年，平清盛如愿以偿地获得了大宰大贰的地位。当时，一般京都贵族就任国守之类的首席地方官，并不会前往当地，而是委任代官管理，他们只是从当地获得收入。这就是"遥任"。平清盛的大宰大贰一职虽也是遥任，但无疑是重视九州并关注大宰府握有的外交权的结果。

　　其证据是 1166 年，平清盛的弟弟平赖盛成为大宰大贰后去当地上任。这是超出当时贵族常识的举动。如果想一想 10 世纪初左迁大宰府的菅原道真可怕的怨念曾威胁到京都的朝廷，就不得不感慨时代的变化。

1170 年代，平清盛整修了大轮田泊，让宋的贸易船在此入港。历来仅限由大宰府接待的中国船只被请到了邻近京都的港口。对平清盛有辛辣评价的《平家物语》当中也不吝赞词："尤其令人称赞的是，修筑经岛，使往来的船只可以安然行驶。"岛上制作了一块石牌以取代人柱，在碑上面写上经文，"经岛"之名由此而来，从这一点也能看出平清盛的开明态度。

成为雷神的菅原道真（《北野天神缘起绘卷》，京都北野天满宫藏）

1180 年，按照平清盛的计划，高仓上皇参拜严岛神社，当时就有从大轮田泊驶出的"唐舟"加入，"唐人"随行。

1172 年，宋朝明州沿海制置使（通往日本、高丽的窗口——宁波的地方官）向后白河法皇和平清盛送来了书信和礼品，次年平清盛给出了书面答复。法皇虽然没有

回信，但也与平清盛一道向使者赠送了礼品。当然，两国

58 并没有缔结正式的外交关系，但9世纪以后已成传统的日
本自闭的对外姿态销声匿迹了。

1180年，平氏政权因源氏军迫近，逃离京都，迁都
福原①，这一行动并非单纯的逃避，也可以认为其是基于
紧靠海洋，把对外关系和贸易当作国家权力基础的"海
洋国家"构想。②

然而，平氏政权所引导的对外态度的转变，并不能完
全改变贵族阶层的对外观。前述中山忠亲和九条兼实的态
度，即便到了中世后期③仍然作为极为顽固的传统在不断
上演着，其正统性未有丝毫动摇。倒不如说，在不与外国
建立正式关系的前提下，庄园制为贵族们提供了入手
"唐物"的捷径。④

譬如说，10—11世纪著名的朝廷故实家⑤小野宫实资
从自家领地筑前国高田牧入手了作为进献品的唐物；与九

---

① 关于平氏携天皇、贵族等逃往福原的举动是否为"迁都"，目前尚
存争议。
② 对于平氏在中世日本对外关系史上的作用，尚有较多争议，可参考
本书最后榎本涉的解说。
③ 即日本南北朝时期以后。
④ 这一说法来源于森克己的"庄园内密贸易说"，后来受到了强调日
本政府对贸易的管理的山内晋次（『奈良平安期の日本とアジア』）
等人的质疑。
⑤ 善于整理并研究古典礼仪和制度者。

条家同等的最高层贵族近卫家也曾在 12 世纪末，从在自家领地九州的巨大庄园岛津庄靠岸的"唐船"上获取物资。

商客接待体制

前述日本的外交态度之所以发生转变，原因在于国内外的形势。外部有宋的外交攻势，内部有大宰府与西国民众自发的行动，而且在内与外之间，存在着跨越国界活动的人员集团。 59

北宋第六位皇帝宋神宗在位期间（1067—1085），宋迎来了最为繁盛的时期。北宋虽说是汉民族统一王朝，却远不如唐朝版图之广阔，此外还与北方少数民族契丹的政权相对峙。北宋称不上政治、军事强大的王朝。但是，10世纪以后江南地区经济显著发展。由江南经济支撑起来的北宋一方面寻求对外贸易的振兴，一方面为了顺利地运用经济而铸造了大量钱币。

北宋时期（960—1127）铸造铜钱的数量比前后任何一个王朝都要多，北宋钱币后来发挥了亚洲通用货币的功能。 60
《宋史》中记载："钱本中国宝货，今乃与四夷共用。"

此时，东海沿岸各国都有将海上往来的贸易商人以"商客"的形式合法接待的共通体制。我将其称作"商客接待体制"。

函馆郊外、志苔馆附近出土的古钱和陶罐（日本函馆市立函馆博物馆藏）

宋神宗在位初期，宋朝朝廷在明州设置了管理高丽、日本船只的市舶司（海关兼商馆机构），显示了欢迎朝贡贸易的态度。同时，北宋还采取了将国书托付于前往高丽、日本的贸易商人，诱导朝贡（通商）的政策。

宋神宗在位的十七年里一共九次派遣使者前往日本。高丽将这些使节视作入贡者，也让他们出席重要的国家仪式。日本本来原则上十年仅能允许贸易一次，不过，即便违反了这样的年数规定仍作为特例允许贸易的例子也越来越多了。

在这种场合中活跃的贸易商人，包括在明州被当作"日本商人"对待的人在内，几乎都是中国人。1095 年，一个日本僧人在大宰府与宋人柳裕见面，拜托后者从著名的佛教学者高丽王子义天那里求取《极乐要书》等佛教书籍。两年后，柳裕将订购的书籍送到了奈良的兴福寺。日本与高丽之间的贸易也由宋朝商人进行，我们能够看到他们占据优势的主动性。

来到日本的"商客"多在博多入港，从贸易中获益颇多的北九州人为自己能与外界接触而感到庆幸。1085 年"大宋国商客王端、柳匆、丁载"到达博多时，官符记录说："最近，大宰府的官吏明明看到了命令宋朝商人回国的官符，却给予他们优厚待遇，斟酌他们的要求……异国商客一来到日本各地，人们就聚集交易，贸易品充满街市。"

此外，1144、1145 年"南蛮人"漂流到博多时，"西府〔大宰府〕之民"欣喜地表示"多亏了藤原忠实带来 62 的福分，才有了这等可喜可贺之事"。

在贵族阶层中，担任大宰府高官的人里面也出现了超越贵族的对外观的人。1023—1029 年，藤原惟宪赴任大宰大贰，他与母亲是日本人的宋朝商人周良史联手，1026 年将周良史包装成"日本国大宰府进贡使"并送到北宋，尝试开展朝贡贸易。

1094 年，大宰前帅藤原伊房因为曾派遣一个叫明范法师的人到契丹贸易，被追究罪责。契丹方面的史料《辽史》对此的记载是，1091 年"日本国遣郑元、郑心及僧应范等二十八人来贡"。"应范"应该是"明范"的误写。

再者，根据藤原宗忠的日记《中右记》，宋朝商人隆

（疑为"刘"之误）琨首先打通了与契丹贸易的渠道，携契丹"银宝货"于 1092 年到达大宰府。藤原伊房向契丹派遣的使节团应该就是以这个隆琨为中心的。

人的边境、国家的边境

63　　如前所述，在宋朝商人的主导下，横跨宋、契丹、高丽、日本、东南亚的贸易集团的活动活跃起来，参与其中的日本人也逐渐增多。即便说是宋朝船只，乘船者也并不全是中国人。譬如说，1093 年被高丽海军捕获的武装贸易船中，有宋人 12 名、倭人 19 名，装载了水银、珍珠、硫黄、法螺等货物。

　　1175 年，驶入宋某港口的"倭船"上，从事"火儿"工作的滕太明将郑作殴打致死。宋朝皇帝发布诏书逮捕滕太明后，将其移交给"纲首"（船长），任后者按照日本法律处置。

　　将滕太明的"滕"视作"藤原"的"藤"，从而认为滕太明是日本人，还是认为他是一个姓"滕"的中国人，这两种观点会致使对宋不行使处罚权做出不同的解释。若是前者的情况，就是出于滕太明是属于日本之人的

64　理由，若是后者，那就可以认为因为这艘船是"倭船"，即船籍属于日本、来自日本的船。

　　1190 年前后，一件与之相似但更为复杂的事件发生了。杨荣和陈七太两个船老大因在宋的某港口胡作非为，最后逃到日本。宋朝朝廷向大宰府通告："今后，对〔犯了罪的〕和朝来客，通告日本后将其召回。"① 然而这将使日本一方权限缩小，朝廷认为"如果立即逮捕犯人，处以重罚，此事传到宋就可避免变更原则了吧"。

　　然而，这里还有一个难点。虽然两个船老大是一起胡作非为的，但严格来说二者在法律上的地位不同。朝廷的意见是"杨荣出生于日本，故以日本法律处置并无问题。但陈七太据说出生于宋。按照先例，这种情况不能随意处置"。这是出生地原则，也就是认为统治这个人出生地的国家对其具有处置权的原则。

　　但更有意思的是，同样是这两个船老大，大宰府的报告书里面称他们为"宋朝商人"②，在宋的通告里却作"和朝来客"。

　　我认为，这二人实际上属于居住在日本博多周边的宋朝商人集团。出生在日本的杨荣，其母很可能是日本人。不过，从民族来判断他是中国人还是日本人，这种提问方式可能将损失这一事例所蕴含的丰富历史意义。

----

① 原文为"和朝来客可传召"。（《玉叶》）
② 原文为"宋朝商人杨荣并陈七太等"。

对国家而言，因为必须决定处置权的归属，所以有必要按出生地进行区分。但这只是人的一个侧面而已。若站在往来于日本和宋之间贸易商人的角度，按照他们因何而生存这一更为本质的方面来思考的话，无疑，他们是凭借在国家与国家的夹缝间贸易而生存的。从某个方面来看他们是宋朝商人，从另一侧面来看他们就成了和朝来客。对国家而言，他们是非常难以把握的二重存在，但正因为他们既不属于宋朝又不属于和朝，他们才成了两国的媒介。

跨越国境的区域

66　　我认为，通过上述这种人类集团跨越国境的活动，逐渐形成了将多个国家周边地区连接起来的一个"区域"。处于"区域"中心的并不只是贸易商人。生活在国家的边缘地区、依靠大海生活的人们，谁都具有成为"区域"形成者的可能性。

这里我们通过以九州西北为势力范围活动的武士集团松浦党的例子，考察一下这一问题。

围绕肥前国小值贺岛地头职①，峰持与山代固提起了

---

①　地头是镰仓幕府设在庄园和公领内的管理职务，负责庄园和公领的征税事务，拥有土地管理权、征税权、警察权、裁判权，是幕府下层组织的核心。

诉讼。小值贺岛是五岛列岛中主要岛屿之一，峰氏和山代氏都是属于松浦党的御家人[①]。1228 年，镰仓幕府的法庭对此下达了判决。

判决结果是峰持获胜，因为幕府认可了峰持出具的证据，即其叔父松浦连与青方通澄写给峰持的赠予书的正当性。山代固也提交了清原三子写给其父山代围的赠予书，但由于清原三子所赠予领地实际上并非由其管辖，故而未被采用。

以上简述了诉讼的概要，但关于小值贺岛的权利关系67相当复杂。为避免混乱，我绘制了出场人物的关系图。

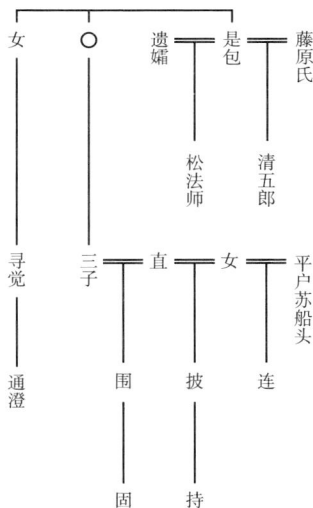

```
        ┌────────┬────────┐
        女      ○   遗孀─┬─是包─┬─藤原氏
                        │      │
                      松法师  清五郎
                        │      │
        寻觉    三子─┬─直─┬─女─┬─平户苏船头
                    │    │    │
        通澄        围   拔   连
                    │    │
                    固   持
```

关系图

---

① 御家人是直接与镰仓殿结成主从关系的武士，作者在下文将有详细论述。

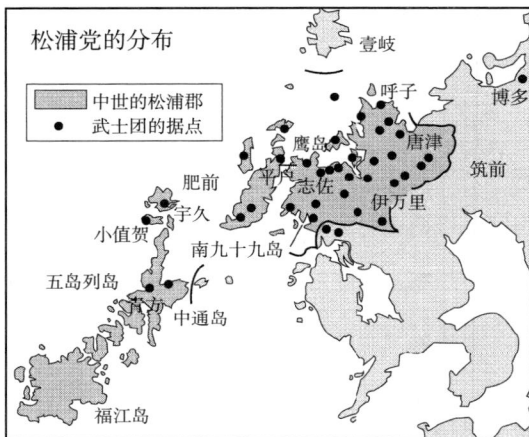

松浦党分布图

68 　　事实上，争执的起源可以追溯到判决的近八十年前。1151 年，这个岛屿原本的领主清原是包因为行事粗暴、侵扰民众，再加上掠夺高丽船只之罪，他被剥夺了和小值贺岛有关的权利（最初被叫作"辩济使"，镰仓幕府诞生后改称"地头职"）。

　　继承其权利的是清原是包的侄女清原三子，但由于她嫁给了松浦一族的一个叫御厨直的人，因此御厨直管理了此岛十三年。之后清原是包一度重新获得了岛屿相关的权利，但御厨直又从平家手上弄到了文书，恢复了对岛屿的管理权。

　　这期间，御厨直与清原三子离婚，娶了一个叫平户苏

船头的宋人遗孀为妻，这个女性与前夫之间有个叫作连的
孩子。御厨直很喜欢这个继子，遂于1184年将小值贺岛
的权利赠予继子，而后不久他就在平户被杀了。 69

　　清原三子认为将权利赠予无血缘关系的继子是无效
的，1183年将同样的权利赠予她和御厨直的孩子围（这
封赠予书当中出现了由御厨直赠予连这一未来才会发生的
事，应该是出现了年代的某个误写）。也就是说，同样的
对象被赠予了两次，连的权利由峰持继承，围的权利则由
山代固继承。

　　光看这些已经非常乱七八糟了，但事实上关于这个岛
屿的争端还要更为复杂。

　　御厨直向连进行赠予之时，清原三子有个叫玄城房寻
觉①的堂兄弟，虽不清楚根据为何，他却也主张自己有小
值贺岛地头职的权利。结果变成了连与寻觉交替管理的形
式。1196年和1204年，幕府两次受理了二者的官司，均
判决寻觉胜诉。1207年将军源实朝发布的文书确定了寻
觉拥有此地头职。次年，寻觉将其赠予嫡子通澄。但是，
连的权利并未被完全否定。峰持于1219年接连从连和通 70
澄那里获得了该岛的赠予书。

　　此外，清原是包的前妻藤原氏与是包的孩子清五郎、

---

① 曾为东大寺僧侣，青方氏之祖。

清原是包的遗孀与是包的孩子松法师也曾主张此岛的权利。1205 年前后，围、是包遗孀、寻觉三人对簿公堂；1207 年前后，是包前妻、寻觉、围三人又在幕府法庭对决。并且，依据当地居民的证词，清原是包的配偶和孩子们的主张因理由不足被否定了。

我们花了很长的篇幅来叙述争端的过程，读者们是否发现其中包含很多有趣的论点？

其中需要注意的是，在当地生活的武士们的人际关系之中，存在突破日本这一范畴的要素。

第一是清原是包掠夺高丽船只一事，第二是御厨直与曾为宋人妻子的女性再婚。高丽和中国出现在日本人的日常生活当中，没有被特别对待的迹象。被御厨直赠予岛屿权利的连（宋人妻子带来的前夫的孩子）或许是个混血儿（不过御厨直的再婚妻子本身就有可能是宋人）。

71　　在此时的北九州，流着两个民族血液的人并不罕见。根据宗像大社所藏中国传来的阿弥陀经石铭文等史料，在 13 世纪上半叶的宗像大社大宫司家中，氏实与王氏结婚，生了氏国、氏忠二子，氏忠又娶张氏，生子氏重、氏市、氏贞。这样看来，氏家连续两代人都与宋朝商人家族结成了姻亲关系。

另一个不能忽视的地方是争端的对象，即辩济使和地头职等职位所含的具体内容。事实上，小值贺岛地头职所

阿弥陀经石（福冈县宗像市宗像大社藏）

管辖的范围极其广泛，除了现在的小值贺岛，还包括相邻 72
的大得多的中通岛（当时的名称是浦部岛）。这样一个广
阔的空间里到底有怎样的权利呢？

　　这一地区水田并不算多，倒不如说涉及以渔业、盐
业、贸易活动的利益为对象的权利。正因为如此，该地流
动性剧烈，使得交替管理这种管理方式成为可能，这在一
般以田地为主的地区很难想象。

　　居民们驾驶船只的活动扩展到海外，掠夺高丽船只的
海盗行为应该也是其中的一环。在这样的活动之中，在平
户这样的地方还出现了宋人的长久居住地。

博多的宋人町

清原是包掠夺高丽船的 1151 年，博多发生了一件大事。大宰府目代宗赖命令以检非违使厅别当①安清等为主的大宰府官吏指挥 500 余骑军兵，以搜查、逮捕罪犯为名，掠夺了以在筥崎、博多的宋人王升的"后家"② 宅邸为首总共 1600 栋房屋的财产和杂物，甚至闯入筥崎宫③。由于仅被掠夺的家宅就有 1600 栋，足以看出当时的筥崎、博多已经是繁华的都市了。

需要注意的是，作为 1600 栋家宅的代表，格外富裕的一栋是"宋人王升后家"的家宅。王升应该是居住在日本的宋朝商人（居留宋商）。虽然写作"后家"，但与其说是遗孀的意思，倒不如说是王升不在时留下来看家的"当地妻子"。

当时在中国周边地区，经常可以看到宋朝商人在港口城镇短暂居住，以此为基地开展与本国或周边地区的贸易活动。这就是华侨的源流之一，这种贸易被称作"住番贸易"。

奈良时代到平安时代前期与中国的贸易活动，是在国

---

① 检非违使厅为朝廷设立的管理京都治安和民政的机构，别当相当于其中的四等官长官。
② 一般指遗孀，此处并非此意，见后文叙述。
③ 位于今福冈市东区的神社。

家设置的迎宾馆鸿胪馆进行的管理贸易。到访的中国商人在鸿胪馆留宿、做生意，贸易结束原则上就要立即回国。1987 年开始，在福冈市中央区福冈城遗址内的平和台球场原址处进行了鸿胪馆遗址的发掘工作，出土了柱础、瓦、中国陶瓷等文物。1091 年某佛经的扉页上写有"在鸿胪馆以大宋商客季居简模本校对"的字样，这是关于鸿胪馆的最后的文献史料记载。在出土文物方面，该遗址最具特色的越州窑青瓷在 11 世纪末以后也逐渐消失了。

74

鸿胪馆发掘现场的景象（出自『新版日本の古代』3)

正像接替了鸿胪馆的角色一样，那珂川东侧的博多、箱（筥）崎地区作为新的贸易据点在 11 世纪下半叶到 12

世纪上半叶迎来了最为繁荣的时期。1977 年以后，随着福冈市营地铁工程的开展，在从博多站向北延伸的"大博路"实施了大规模的考古发掘。这里是直到后来仍作为商人聚集区的旧博多街区的核心地带。出土文物中有着数量惊人的白瓷，相关人员将之形容为"白瓷的洪水"。

75　　其中饶有兴味的是，1981 年第 14 次考古调查（店屋町）中发现了泥煤层，其中堆积了 11 世纪下半叶到 12 世纪初的大量白瓷片（参见本章篇章页）。这一地点处于当时正在形成过程中的沙洲（博多滨）西北的海滨，被推定为卸货时将船中破损物品集中丢弃的场所。认为这些白瓷的产地是福建泉州的瓷灶窑或者广东的潮州窑的说法比较有说服力。

那么，一艘船能够装载多少陶瓷器呢？1976 年在韩国新安海域发现的 14 世纪上半叶的沉船之上，打捞出约两万件中国陶瓷器。从文献上的例子来看，稍微早一点的1005 年，从宁波前往博多的载客 60 人的泉州船上，装载了瓷碗四万个、瓷盘两万个。由此可以知道新安沉船上的陶瓷器并非数量极其庞大的例子。

大约在最后记载鸿胪馆名字的文献史料的同时，1097年，大宰权帅源经信在大宰府死去时，很多住在博多的宋人来到当时紧急从京都赶到的源经信之子源俊赖的下榻之处，并进行慰问。

身已别老父，唐人纷纷寻问来，人间总相似。

这是当时源俊赖所作的和歌。

就像这样，11 世纪末的博多出现了相当规模的宋朝商人居留地。近江坂本西教寺存有 1116 年在"筑前国薄［博］多津唐坊大山船龚三郎船头房"抄写的佛经。"船头"是中文词"纲首"的日语翻译，意指有船只的贸易商人，因此我们认为这个人是宋朝商人，隶属于能够俯瞰大宰府的山上的延历寺下属寺院大山寺，被委托经营船只。① 特别需要注意的是他的居住地叫作"唐坊"，这应该正是宋朝商人们居留地的名称。

居留在博多的宋朝商人在称得上中国面向日本的窗口——宁波也留下了活动的足迹。明代富豪修建的藏书楼"天一阁"位于宁波市中心，现在变成博物馆，这里展出了三块原属于宁波某寺院的石板。

每块石板刻着 1167 年四月的日期，内容是将铺设寺院参拜道路一丈所需的费用十贯文钱施与寺院，施主三

① 林文理认为"大山船"指的是位于大宰府宝满山麓的大山寺（别名"有智山寺"，天台宗在九州的据点）所有的船或船队，是镰仓时代后期到南北朝时期盛行的贸易船"寺社造营料唐船"的先驱（林文理「博多綱首の歴史的位置—博多における権門貿易」大阪大学文学部日本史研究室編『古代中世の社会と国家』、清文堂出版、1998 年）。

博多复原图（出自『堺と博多展』图册）

人是日本国大宰府博多津居住弟子丁渊、日本国大宰府居住弟子张宁、建州普城县寄日本国孝男张公意。丁渊、张宁二人"居住"在博多，但张公意似乎来博多时日尚浅，以"寄"一字相称，并写下了自己的原籍地。这大概是宋朝商人们在博多募集资金，三人响应了募资。

在宋人的居留地还设有宗教设施。建筑雄伟的禅刹圣福寺靠近如今的博多站，是镰仓时代初期荣西①创建的寺

---

① 著名的入宋僧侣，曾两度入宋巡礼和留学，归国后试图传播禅宗但并未成功，在镰仓主要作为密教僧活动，后来被塑造为传来日本禅宗的第一人。

张宁刻石（出自『福岡平野の古環境と遺跡立地』，宁波市天一阁博物馆藏）

院，荣西在向源赖朝①请求援助的书信中写道："博多百堂之地乃宋人建立堂屋的旧地，因为属于佛教的土地，又荒废无人，故在此建立寺堂，安置佛像，祈愿镇护国家。"换言之，圣福寺的前身是宋人们共同建立的寺院。一般将其称为"宋人百堂"。

此外，通过陶瓷器上用墨书写的文字能够了解宋朝商人的社会合作。陶瓷器上有墨迹的情况很少见，但博多出土的陶瓷器数量庞大，共有1200多件陶瓷器留有墨迹。

78

----

①　镰仓幕府创立者。

中世日本的内与外

墨迹中可以看到很多类似"丁纲""张纲""李纲""王纲""周纲"等"某纲"的字样。一直以来比较有力的说法为这是个人的名字,"纲"是"纲首"的简称,但最近的研究者认为这是用代表人物的姓氏来表示组织。虽然数量不多,但墨迹之中还有"冯号""圭号""七号"等"某号"的字样,与现代汉语将贸易公司称为某某号(譬如长崎华侨的"泰益号"、神户华侨的"复兴号"等)的情况吻合。

79　　　然而,关于这些墨迹究竟是何人以何目的书写这一基本问题,仍有进一步研究的余地。现在有两种说法:入港博多的宋朝商人为了区分货物所写,或是采购货物的博多势力(居留博多的宋朝商人或寺社)为标明所有权或用途所写。

写有"张纲"字样的陶瓷器(出自『よみがえる中世』1)

钱币之病

1179 年，日本传染病流行，陷入了"天下上下病恼"的状态，世人称之为"钱病"。大约三十年前，钱币开始流通，这时已经达到了引人注目的数量。

众所周知，日本使用的钱币是和同开珎以后的所谓"皇朝十二钱"，但只是由国家权力赋予其政治性的意义，所以仅在京都周边流通。随着律令制动摇，其价值也下降了。那位奝然在宋太宗面前充满自信地说"（我国）交易使用一种叫乾元大宝的铜钱"，但事实上乾元大宝（958年铸造）正是"皇朝十二钱"的尾声。

此后，人们以米、绢或布①为货币，到了 12 世纪中叶，民间买卖中开始使用钱币。钱币在文献史料上的初次出现见于东大寺文书中 1150 年的卖地券，其中记录了将奈良的住宅用地以二十七贯文的直钱（价格）卖掉一事。

进入 13 世纪，出现了用钱币缴纳田租②的例子（即"代钱纳"），到 13 世纪中叶以后迅速普及。这次使用钱币并非国家强制所致，而是依社会深层的经济要求而发

80

---

① 日本古代的布主要指的是麻布，16 世纪从明、朝鲜引入棉后，棉布在日本普及开来。

② 本书译作"田租"的，原文都写作"年贡"。

端，一旦普及开来，就回不去了。

12 世纪，日本最开始使用的是中国铸造的钱币。北宋时期铜钱铸造的规模空前绝后，特别是宋神宗在位时期，每年铸钱量达数百万贯。宋朝政府禁止将钱币带到国外，处罚日益严苛，1160 年制定了"输出五贯文以上者死刑"的法令，但铜钱流出的现象并未绝迹。[①] 有记录说，运出的方法是用铜钱装满高大海船的船舱，用普通货物加以覆盖。

81

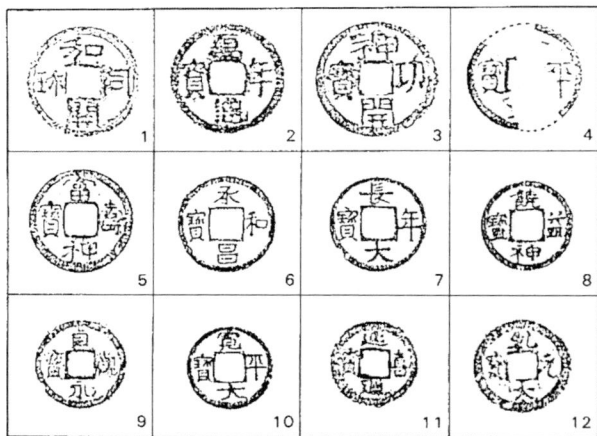

九州出土的"皇朝十二钱"（出自高倉洋彰『大宰府と観世音寺』）

---

① 早在宋太祖时期就有相关法令："铜钱阑出江南、塞外及南蕃诸国，差定其法，至二贯者徒一年，五贯以上弃市，募告者赏之。江南钱不得至江北。"（《宋史·食货下二》）

1089 年，宋人苏辙出使辽国，向朝廷如此汇报：

> 北界别无钱币，公私交易，并使本朝铜钱。沿边
> 禁钱条法虽极深重，而利之所在，势无由止。本朝每
> 岁铸钱以百万计，而所在常患钱少，盖散入四夷，势
> 当尔也。

82

钱币流出的目的地，当然有辽、高丽、日本，还包括
东南亚的爪哇、巨港、新加坡和南印度，甚至非洲东岸。
另外，即便到了数百年后的室町时代，日本流通钱币的大
半还是北宋钱币。

中世国家的钱币政策

如上所述，虽然宋朝政府严令禁止，但钱币仍不断流
向国外。那么日本政府对这一问题的态度如何？

日本有名为"万物沽价法"的法令，这是朝廷公定
物价之法，奝然归国的宽和二年（986）及著名的庄园整
理令①发布的延久四年（1072）都发布了此法，鸟羽院政
时期的 1138 年再度确认了延久法。然而，在"钱病"流

---

① 对全国的庄园进行审核、调查、确认的一系列法令。

行的 1179 年七月，由于法令未能得到贯彻，朝廷便又举行了会议，讨论立法。

83　　在朝廷上，有人主张维持延久法，也有人认为应该结合近年来的实际状况更改法令的内容。特别成为问题的是许可使用钱币是否正确，因为这是以钱标示物价的前提。

　　"虽说使用钱币原则上违背了皇家法度，应被禁止，但中国和日本都流通钱币是有利之事，除私铸钱之外，不妨允许交易中使用钱币。"这样的意见占据了上风。此外，即便以钱币标示物价，是应依据宽和法的公定价格，还是按照现在各地的济例（田租与钱币的换算率），抑或重新制定新的准则等，关于这个问题的讨论又变得热烈。

　　最终朝廷决定听取右大臣九条兼实的意见。对于上述问题，九条兼实只是提议听从法律专家的意见，但他在日记中表明了心迹："本朝之衰微，由此一事可见。"

　　这样的讨论在此后的朝廷中仍反复上演。1187 年的结论是"关于钱币之事，令书记官调查先例，决定是否应禁止。至于今钱，不必再议，即刻禁止"。今钱就是当时流通的宋钱，前半部分提到的"钱币之事云云"大概

84　是想到了当时几近消失的"皇朝十二钱"。虽然是相当形式主义的讨论，但这种先例万能主义在当时的朝廷占主导地位。

　　1192 年十月，朝廷再次讨论"钱货停否之事"，在座

公卿们一律表示"可停止",但只有内大臣中山忠亲一人陈述了自己的意见:"命令的内容应以检非违使厅建立相应的操作机制为前提,若制定的法令无法推行,即便禁止,也不过是像之前一样有名无实而已。"这并不是积极认可钱币的流行,只是将禁止的手续视作问题。左大臣三条实房强硬表示:"禁止是理所应当的,除钱币以外,商人们的不法行为也应取缔。"

这次会议的结论在次年七月四日作为正式法令公布:

> 应自今以后永从停止宋朝钱货事……自非止钱货之交关者,争得定直法于和市哉。仍仰检非违使并京职,自今以后永从停止者。
>
> (从今以后应当永久禁止使用宋朝钱币……若不禁止钱币交易,如何能够制定稳定公平的交易之法?因此,应当命令检非违使和京职,从今以后永久禁止。)

为了能让"定直法于和市"这一万物沽价法具有实效性,就必须禁止使用宋朝钱币,逻辑就是如此。此外,由于被命令执行此法令的是检非违使和京职①,所以这一法令针对的地区是洛中。至于日本其他各地,正如前文所 85

---

① 在京都执行行政、司法、警察等职能的机构。

述，"各地的济例"成了热议话题，以钱币作为上缴物是司空见惯的。

这样的朝廷政策有多大的实际效力？1200年，在京都内的市场，从属日吉神社的大津神人①试图用绢或布向检非违使的下属人员（所属组织不同，但双方应该都是商人）购买货物，检非违使的下属人员提出让神人以钱币支付。神人拒绝说："使用钱币不符合法律，不可。"检非违使下属人员保证说："执行取缔钱币任务的就是我们，所以不必担心。"并向神人介绍了自己的家主，即一个女放贷者，让神人们借了款。正当钱币交易就要完成时，检非违使下属人员借口"使用禁止之物"，用计将神人所持的货物没收，并以职权将神人们逮捕。

由这个例子可以看出，第一，钱币禁止令在京都内的市场得到了一定程度的执行，用实物货币进行交易；第二，使用钱币的交易在私下进行着，因而存在地下金融业者；第三，本应成为禁令执行者的检非违使下属人员中也有形迹可疑者。也就是说，禁令在一定程度上得到执行，但无论朝廷如何禁止，只要存在社会需求，就难以彻底

86

---

① 神社的下级职位，与神社结成隶属关系的民众，通常也从神社一方获取各种特权。

禁止。

那么宋朝钱币是以何种路径进入日本社会的？虽然像陶瓷器那样通过实物加以证明很困难，但毫无疑问，钱币是通过宋朝商人的"住番贸易"进入日本的。

初期使用的例子仅限于奈良、京都，也可以认为是通过从九州庄园到庄园领主的路径向畿内集中的，但由于平安时代的古文书本身集中残留于畿内地区，所以并不能说九州方面就没有使用钱币。13 世纪以后，钱币的使用不再集中于中央，而是广泛渗透到地方社会。这可以由各地中世遗址中出土的钱币得到证明。

再者，虽然没有确凿证据，但我不由得想到平氏政权发挥的政治力量。若是探寻关于万物沽价法的讨论，可以发现 1179 年到 1187 年之间论调发生了很大变化，"原则论"更加强势起来。

此期间的大事件是 1183 年平氏逃出京都、1185 年平氏一门灭亡。这样可以推论，1179 年的会议上主张许可使用钱币的是平氏一门。当年七月，现任公卿有 29 人，其中就有平氏一门平时忠、平赖盛、平教盛的名字。

结合平氏重点确保的是西国方面的领地这一事实，还可以推断，接受钱币的中心力量是平氏势力。

此后，整个中世日本流通的货币主要是中国钱。唯一

87

中世日本的内与外

例外的是后醍醐天皇①的造币政策。1334 年的"改钱之诏"记载，国家应该有自己的货币，后醍醐天皇在谈到中国的先例和"皇朝十二钱"之后，批判"时至近古，求钱币于外国，肆意流通世间，如同忘却官家法令。极其有违常法，枉顾政令"的现状，命令铸造钱币。

88　　　从这一批判本身就可以看出中世日本完全被纳入中国钱币的流通圈之内了。而且这一钱币流通圈的影响力极其巨大，能够不把宋和日本两国的限制放在眼里，钱币得以跨越国境广泛传播。钱币本来就有跨越国家的特性，这与现代的欧元、美元、日元是一样的。

　　后醍醐天皇胸怀大志，将钱币和纸币取名为"乾坤通宝"，结果除了"改钱之诏"以外丝毫没能留下。

---

① 曾发动推翻镰仓幕府的战争，建立了建武政权。

第三章

镰仓幕府与武人政权

日本与高丽

平治之乱中，火攻三条殿的武士们（《平治物语绘卷》，波士顿美术馆藏）

附表 镰仓幕府与高丽武人政权

日本	高丽
1135 备前守平忠盛讨伐海盗	1135 妙清在西京起兵,立国名、年号 1146 毅宗即位
1156 保元之乱	
1159 平治之乱	
1167 平清盛就任太政大臣	
1170 藤原秀衡出任镇守府将军	1170 李义方属下武人杀文人,废毅宗,立明宗(庚寅之乱) 1173 残余文人被武人消灭(癸巳之乱) 1174 赵位宠反抗武人后被镇压,郑仲夫杀李义方
1179 平清盛软禁后白河法皇于鸟羽殿	1179 庆大升杀郑仲夫
1180 源赖朝在伊豆起兵,进入镰仓	
1183 木曾(源)义仲、源行家入京,源义仲软禁法皇于法住寺殿	1183 庆大升病死。李义旼掌握政权
1184 源赖朝打败源义仲,获得讨伐平氏的宣旨。一之谷之战。源赖朝设立公文所、问注所	
1185 屋岛之战。坛之浦之战,平家灭亡。朝廷向源行家、源义经下达讨伐源赖朝的旨意。依源赖朝要求,在各地设立地头	
1189 藤原泰衡杀源义经。源赖朝灭奥州藤原氏	
1190 源赖朝上京与法皇会面	
	1196 崔忠献杀李义旼,掌握政权 1197 崔忠献废明宗立神宗,杀弟崔忠粹

"武者之世"的开始

91　　　如果要举出一个最符合"中世"这个词的集团，"武士"果然是最为妥当的。在承久之乱①前，天台座主慈圆为讽谏试图打倒幕府的后鸟羽上皇而创作了历史书《愚管抄》，这本书如此记载 1156 年发生的保元之乱：

　　　　保元元年七月二日，鸟羽院逝，日本发生乱逆之事以后，进入了武者之世。本书旨在阐明此次动乱的经过和缘由。

　　　慈圆认为以保元之乱为界，日本进入了"武者之世"，并说"这本书最为注重如此演变的顺序的原因，并
92　将其记录下来"。保元之乱以前，以平将门之乱为始，武士们在京都之外兵戎相见，但慈圆将（保元之乱时）京都沦为战场，以及其结果很大地改变了中央政局这点看作时代的分界点。

　　　进入"武者之世"仅四分之一个世纪，治承四年

---

①　1221 年后鸟羽上皇发起的对镰仓幕府的讨伐战争，最后以后鸟羽一方失败告终。这一事件为镰仓时代最重大的政治事件之一，奠定了之后公武二元合作体制的格局。

（1180）八月十七日，被平氏流放到伊豆的源赖朝向伊豆国在厅官人山木兼隆的宅邸发动了夜袭。山木兼隆是平氏一党，在伊豆是很有势力的人物。其后源赖朝一度陷入苦战，而后很快获得了南关东地区实力派武士们的支持，十月进入相模国镰仓，开始建立与京都相对的独立地方政权。持续到明治维新的幕府权力接力赛的一号选手——镰仓幕府，在这一瞬间呱呱坠地。

在京都注视着这些激烈变动的藤原定家在其日记《明月记》当年（1180年）九月某日条当中记录了一句非常有名的话："世上乱逆追讨虽满耳，不注（记录）之。红旗征戎非吾事。"（红旗是天子、朝廷的象征，戎指代源赖朝等反叛势力。）这显示了藤原定家面对治承、寿永内乱等历史洪流时所采取的姿态。

如果将这句话解释为藤原定家对政治和军事不关心，一心投入文学世界，就是错误的。这是因为他接着写下了这样的话：

> 陈胜吴广起于大泽，称公子扶苏、项燕而已。称最胜亲王之命循郡县云云。

公元前209年七月，陈胜、吴广在大泽乡起兵，奏响了第一个中华帝国——秦灭亡的序曲。当时，陈胜冒充前

93

一年被宰相李斯与宦官赵高谋杀的秦始皇长子扶苏，吴广则冒充楚国名将项燕，天下一呼百应。

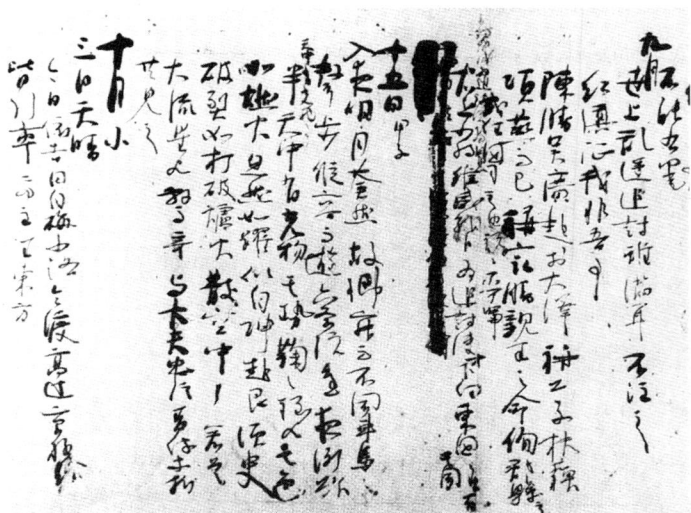

《明月记》治承四年九月条，藤原定家自笔（天理图书馆藏）

94　　藤原定家将源赖朝于 1180 年五月散布已被平氏军杀害的以仁王①（最胜亲王，后白河天皇的第二个皇子）尚在世的谣言，并以其令旨为旗号起兵的事件与上面《史记·陈涉世家》所见的史实相比拟。

——————————

① 以仁王、源赖政与园城寺等寺社势力联合起兵反对平氏政权，但很快就遭遇失败。镰仓幕府官方史书《吾妻镜》宣称源赖朝起兵是响应了"以仁王令旨"的号召。

舞台变换到高丽都城开京，时间是 1198 年。这一年平维盛之子平六代被斩首，平家绝嗣，次年正月源赖朝去世。由接下来的朝鲜王朝作为国家事业编纂、记录高丽王朝历史的《高丽史》记述了奴隶叛乱事件的爆发。

　　私僮万积等六人，樵北山，招集公私奴隶谋曰："国家自庚癸［庚寅、癸巳之乱］以来，朱紫［高位高官］多起于贱隶，将相宁有种乎？时来则可为也。吾辈安能劳筋骨，困于捶楚［鞭打］之下？"诸奴皆然之……约曰："……官奴等诛锄［歼灭］于内，吾徒蜂起城中，先杀崔忠献等，仍各格杀其主，焚贱籍，使三韩无贱人，则公卿将相，吾辈皆得为之矣。"

在高丽，从 1170 年和 1173 年爆发武人政变（庚寅、癸巳之乱）以后，武人势力争端所引发的政变层出不穷。政治的动荡导致了身份秩序的流动。这时见到解放曙光的公私奴隶——官奴与私奴分别在内廷和开京市内起兵造反，欲杀以崔忠献为首的奴隶所有者，烧毁贱民户籍，消除贱民身份。这一事件虽被崔氏镇压下来，却也从根基上动摇了依靠压倒文人而得意扬扬的崔忠献的势力。

95

万积等高呼身份解放可能性的一句"将相宁有种乎"是有出典的。前文引用的《史记·陈涉世家》当中陈胜高呼"壮士不死即已，死即举大名耳，王侯将相宁有种乎"。出身的卑贱并不会对掌握权力有任何障碍。这里可以明确读出肯定革命的思想。

12世纪下半叶，日本与高丽的王朝权威都很大程度地发生动摇，武人掌握了实权，内乱广泛波及全社会，两国经历了大变动。这时，人们就忆起了易姓革命的典型事例——著名的秦汉更替。

易姓革命几个字，可以理解为"改易姓氏，更换命运"。某个王朝因不德而衰，新的王朝将其打倒，天子的姓氏发生改变。新王朝厉行政治改革，将自己的德行传遍天下。

中国用王朝德行的有无来说明自夏朝以后通过武力反复更替王朝的现象，认可无德天子被臣下放伐（驱逐讨伐）。易姓革命的思想得到了广泛的接受。通过政治或历史书籍的输入，这一思想也传到了日本和朝鲜。

几乎同时，日本与高丽都出现了武人政权，这是偶然的吗？二者之间是否有某种相通之处？另外，两个武人政权虽然存在共同点，但此后经历的命运是相反的，在何处出现了分流呢？我将在本章运用比较史的方法，对被称作"幕府"的日本武人政权的特质做一次考察。

成立之前的政治历程

高丽的官僚制度虽然采用了文武官员并列的形式，但文官地位极高，军事司令官的职位也不是由武人而是由文人担任。武人仅仅被文人差役，不能参与国家事务的决策，不满遂越来越严重。 97

终于到了 1170 年，郑仲夫、李义方、李高等将军发动叛乱，屠戮大量文人（庚寅之乱）。当时武人废除国王毅宗，立其弟明宗为王，但三年后，因策划毅宗复位，残存的文人再遭屠杀（癸巳之乱）。这时毅宗被后来掌握政权的李义旼杀害。

庚癸之乱三巨头之中，李义方杀死李高，将其女立为太子妃，掌握权势，1174 年被郑仲夫排除出权力核心，而郑仲夫也在 1179 年被青年将军庆大升杀死。庆大升于 1183 年病死，于是退居地方、谋求扩张势力的李义旼掌握了政权。李义旼政权下的武人们更加激烈地夺取官职，国王身旁的儒官也被武人占据，但这一政权也未能安定，1196 年，崔忠献夺取了政权。

就像这样，1170 年以后，武人的领袖李义方、郑仲夫、庆大升、李义旼以及崔忠献，风水轮流转一般你方唱罢我登场。这时的日本，从 1179 年平清盛发动政变掌握政权以后，1183 年木曾义仲、1184 年源义经、1185 年源赖朝相继崛起，直至 1199 年源赖朝去世，经历一段迂回曲折之后的北条氏势力与左右着京都政局的武家势力交替登场，与高丽的形势十分相似（参照本章开头年表）。

相似点并不只有这些。武人在庚寅之乱中废立国王，癸巳之乱中处死前国王。崔忠献在掌握政权的第二年废明宗，立其弟神宗，之后是 1204 年熙宗（神宗之子）、1211 年康宗（明宗之子）、1213 年高宗（康宗之子）相继即位，王位频繁交替，王权的基础被彻底铲除了。

1179 年，平清盛停止后白河院政①，次年扶持外孙安德天皇登上皇位。天皇与上皇虽然不至于被杀，但若换个角度来看，他们也与在坛之浦之战被杀的安德天皇无异。②

源赖朝死后，北条氏掌握实权，虽然原则上采取了不干涉皇位继承的态度③，但 1221 年打赢了后鸟羽上皇挑衅发动的倒幕战争（承久之乱）之后，幕府废掉刚即位不久的仲恭天皇，拥立后鸟羽天皇的侄子后堀河天皇，让其父守贞亲王实施院政。从未继承过皇位的人实施院政是

---

① 即治承三年政变。一般将这一政变视作"平氏政权"的开始。
② 安德天皇与平氏一门一同葬身于坛之浦海战。
③ 在镰仓时代后期，北条氏对皇位继承的介入逐渐增多，镰仓幕府的意向几乎直接决定了皇位的归属。

极端不正常的例子。这一事件等同于向天下人宣布皇位的
最终决定权在幕府手里。

可以看到，武人之间在骨肉相残这一点上也有显著的
相似性。保元之乱中，后白河天皇一方的源义朝斩杀其父
源为义、弟源赖贤，平清盛斩其叔父平忠正等人。源赖朝
与源义经的争执也就无须赘述了。

在高丽，崔氏政权建立的第二年就发生了崔忠献杀其
弟崔忠粹一事。对立的原因是与王室的关系。1197 年，
崔忠粹拥戴与自己亲近的王族以取代明宗，崔忠献却将其
驳回，立神宗为王。神宗即位后，崔忠粹试图让自己的女
儿成为太子妃，但遭到兄长反对，最终发起叛乱并被杀。
立场虽相反，却令人联想到源赖朝晚年因试图送其女入宫
而卷入京都政治斗争的失策。

权力组成的原理

考察武人权力时，核心问题是国家之内以何种原理将
军事力量组织起来。以镰仓幕府为例，原本独立的军事力
量主体，即诸国武士，在与镰仓殿①结成主从关系后成为

---

①　在日本中世，通常按照居所将当权者称作"某某殿"，如"冷泉富小路
殿""室町殿""龟山殿""禅林寺殿"，由于源赖朝建政之时并非将
军，也尚未担任朝廷的右大将之职，遂以其居所称其为"镰仓殿"。

御家人。接着幕府内设立了统辖御家人的机构"侍所"。

虽然也存在与镰仓殿结成家长式隶属关系的武士，但幕府权力握有的军事力量的核心是在独立的"家"中占据主体地位的御家人。这样的制度就叫作御家人制。御家人制有效地将不属于镰仓殿的"家"的大范围的武士团结在幕府之下。

御家人制的另一个特征是主从关系，但这种关系并不限于个人间的情谊关系，而是通过镰仓殿授予地头职并认可御家人的领地这一行为得到保证。这样，幕府在将御家人置于统治之下的同时，也成功地将御家人所有的土地编入其权力基础之中。具体来说，御家人是依照领地的大小来承担幕府御家人的职责的。

这样一来，幕府的制度将人的统治与土地的统治统一起来，在这个意义上，"地头御家人"这个将两个词组合起来的称谓就直截了当地道出了幕府权力的特质。

关于高丽武人政权的军事力量，因为史料不足，并不十分明确，但很多情况下是利用了巡检军、禁军等王朝的官军。至于独自的兵力，有人指出有被称为恶小或死士、勇士等流动武者，被称作家童的奴隶身份的下人，以及被称为门客的私人家臣团这三者。武人麾下的最大兵力"都房"就是将上述势力编成几组，轮番守卫武人领袖的组织。

都房在庆大升等人打倒郑仲夫、掌握政权之后的 1179
年首次见诸史料，是庆大升"招募死士百数十人，豢养于
门下"，护卫身边安全的组织。他们枕长枕，睡通铺大被，
过集体生活，数日交替一次担任守卫，据说有时庆大升也
同被而卧。庆大升在武人之中树敌甚多，恐自身遇险，遂
豢养诸多壮士，在这样的过程中培养了最初的主从关系。

到了崔忠献的时代，招揽"文武官、闲良［任官以
前的武人］、军卒的强有力者"组成六班都房，形成了日
日交替、守卫崔忠献家宅的制度。崔忠献出入家宅时，当
班的都房前后护卫，犹如奔赴战场。由此可知，不仅组成
军团的对象扩大了，制度也愈发完善。

1206 年，崔忠献被熙宗授予晋康侯的称号，允许建
立名为兴宁府的组织。仪式在崔忠献的宅邸举行，王侯悉
数到访问候，来场的国王使者送来了犀带、白金、绫罗、
鞍马等豪华之物。《高丽史》在记录了仪式的程序之后补
充说："自三韩以来，人臣之家所未有也……侍从门客，
殆三千人。"

都房值夜的制度虽与守卫镰仓殿的"镰仓番役"类
似，但与地头御家人制有很大的不同，因为都房在制度上
是不成熟的，缺乏认可下属的土地所有权或给予土地以回
报其作为下属进行军事侍奉的制度。虽然也有武人的首长
将私有土地交给门客或家童管理的例子，但非首长私有地

102

的下属领地被首长确认所有权或给予的情况是不存在的。故而武人政权并未将人的统治与土地的统治结合，构筑起王权之外的独立基础。

首长的性质

镰仓幕府的首长从朝廷得到的官职是"征夷大将军"①，但若从与御家人结成主从关系这一点来看，幕府首长则叫作"镰仓殿"。两者并非一直统一在同一人格之下。即便不担任征夷大将军的官职，也可以做幕府的首长。

1219 年，源实朝死后，幕府从九条家请来了藤原赖经（当时两岁）做幕府的首长，但他在 1226 年才被任命为征夷大将军。在此期间，藤原赖经虽然是镰仓殿，但并不是征夷大将军。对幕府首长而言，镰仓殿这一身份可谓更为本质。虽然如此，幕府的首长为征夷大将军的状态当然是常态。

在以天皇为中心的旧国家体系之中，将军被期望发挥何种职能？

1199 年源赖朝死后，朝廷向继承其位的源赖家下达

---

① 源赖朝直到建政数年之后才被朝廷授予"征夷大将军"的官职，在源赖朝时期的幕府之中，这一官职起初并不具有特别重要的意义。

了旨意，命令他照先前的旧例，统率御家人并执行"诸国守护"之职责。这就是承认新将军源赖家拥有与1185年获准在诸国设立"守护"的源赖朝同等的权利。

藤原赖经木像（镰仓明王院藏）

守护的任务是指挥其管辖国的御家人，督促他们履行保卫朝廷的"大番役"（京都守卫武士）的职责，并取缔　104
其管辖国范围内发生的谋反、杀人等重大犯罪行为。大番
督促、谋反、杀人总称为"大犯三条"。幕府法律在原则
上规定守护不能行使超出以上范围的权力。

具有任命守护权的将军被称为"日本国总守护"。从守护权力的内容来看，将军必须行使的职权就是掌握军事权和警察权，以及"守护"国家的安全。我们将其称作"国家检断"（刑事执法权、审判权）。

那么，高丽武人政权的首长从既有王权之中的何处获得了制度上的位置？答案是名为"教定都监"的官衙及其长官"教定别监"。

教定都监设立于 1209 年，成了武人政权的中枢机构。《高丽史》中记载："崔忠献擅权，凡所施为，必自都监出，瑀亦因之。"武人政权首长的正统性通过国王任命教定别监而获得。不仅是崔忠献、崔怡（崔瑀后改名）、崔沆、崔竩这崔氏四代，崔氏政权灭亡后掌握实权的武人金俊、林衍、林惟茂也接连担任此职。

105　　譬如据《高丽史》，金俊于 1263 年被国王元宗"命为教定别监，纠察国家非违"。教定别监被赋予国家的刑事执法权和审判权，与作为"日本国总守护"的将军的职权相同，这一点引人注目。

然而，根据《高丽史》，教定都监不过是众多都监中的一个。都监是为特定目的而临时设立的官衙的名称。譬如，高丽王朝见元朝君主时临时设立的筹措旅费、住宿费、国王一行供给的官衙叫作"盘缠都监"。此外，《高丽史》当中还列举了"迎送都监""仓库都监""战舰兵粮都监"等各种各样的都监。

教定都监不过是在这些都监里未被非常显眼地记录下来的一个罢了。武人政权握有压倒性的实权，但其中枢机构也只能通过都监得以制度化。不得不说，这显示了他们的权力机构尚未成熟。

但设想一下，如果中世的日本也按照《高丽史》那样编写一部以王朝（朝廷）为中心的正史（而且是在幕府灭亡以后），对幕府记述的处理恐怕就是与教定都监五十步笑百步的程度。这是因为"幕府"这一词语本身意为军阵当中将军的营帐，从词源来说这不过是个临时的东西。

《高丽史》将崔氏政权收入《叛逆传》，这是一部意识形态色彩鲜明的著作。作为武人政权制度基础的教定都监被刻画地比实际上渺小得多，这一点并非不可思议。

教定别监虽然一直以来并未引起注意，但它还有一个别称——"令公"。1270 年武人的首长林惟茂被任命为教定别监，《元史》记载道："权臣林衍死，其子惟茂擅袭令公位。"

"令公"一词初次出现于《高丽史》中 1219 年某人将崔忠献濒死传为"令公病笃"的记载。大概是因为 1206 年，熙宗加封崔忠献为"中书令晋康公"，崔忠献辞退，此后就以中书令的别名"令公"相称。这与源赖朝

106

的称号"前右大将家"有相通之处。

1231 年，蒙古军开始进攻高丽；次年，高丽王室避难，从开京转移到江华岛。高丽王朝迁都前夕，蒙古将领河西元帅送来的书信就是写给"令公"的。武人首长崔怡说"我非令公"，拒不收信，交给了负责与蒙古军和谈交涉的王族淮安公侹。两人互相推诿，最终崔怡让一个叫李奎报的学者以淮安公侹的名义写了回信，并送了回去。但在同年底，国王高宗在给蒙古将领撒里答的信件中，将崔怡称作"崔令公"。

此外，1258 年柳璥、金俊等人袭击崔竩家宅，灭亡崔氏时，让人们聚集起来，在路上大声叫喊"令公死也"。

很久以后的 1388 年，后来建立朝鲜王朝的李成桂为征讨明朝的辽东而出兵后，从鸭绿江威化岛回师开京，发动政变并掌握了政权。这就是著名的威化岛回军。进入开京以前，他射松株以占卜战争吉凶，一射立断。部下当即祝贺"陪我令公，往何处不可行乎"。

综上所述，我们可以知道令公这个称呼有两种意味。第一，令公表现了武人首长独立于王朝官职之外的一面；第二，令公是从武人政权以外（特别是从蒙古）的角度看武人首长时使用的词语。

关于前者，将令公与镰仓殿、教定别监与征夷大将军做比较是可能的。关于后者，令公出现的多数事例是江华岛迁都、崔氏灭亡、威化岛回军等，都与和中国关系很大的重要事件有关。这是幕府首长没有的要素。顺便说一点，高丽末期李成桂被叫作令公，因而也可以认为他当时的权力为武人政权的一种。

地方性与阶层流动

若是要举出一个幕府有但高丽武人政权不存在的特征，或许就是幕府是在镰仓，这一远离旧王权所在之地建立根据地的。因此，幕府成功地将东国这一京都的统治力无法彻底触及的广大地区作为自己的权力基础，成功地拥有了镰仓这个有独立中央权力机构、东国各地的交通道路汇聚的"都城"。

幕府的地方自立性是来到关东的平氏及源氏长时期建立起来的。据《愚管抄》，1156 年保元之乱时，源为义对崇德上皇说，"若您行幸到关东，拒足柄山而守，则京中将渐不能支，而东国自源赖义、源义家起，绝无不听从我源为义者"，劝上皇将东国作为反攻基地。这时虽然仅停留在设想层面，却可以在其延长线上展望镰仓幕府的成立。

与之相对，高丽武人政权不过是以王朝的都城开京为舞台，通过权力斗争取得了霸权。政权的权力机构或军事

109

力量并未完全从过去的王朝机构当中独立出来。

武人的首长也有如李义旼那样，在出身地庆州拥有相当大支持势力的，但他也没有超出族人的范围，也没有把庆州作为政权的根据地。他们的战略仍然是以掌握王朝机构的中枢部为目标。武人政权作为扎根地方的势力尚未成熟，不得不说至多也就停留在平氏政权的程度。

但之所以如此，并不是因为高丽这个国家没有地方特性，构成是平均一致的。1202 年，新罗旧都庆州的人们策划对崔氏政权的叛乱时，打出了"高丽王业几尽，新罗必复兴"的旗号。起源自高句丽、新罗、百济三足鼎立的地域对立延续到了现在，这里也可见一斑。就像这样，高丽谋求地方自立的动向并不亚于日本的东国。

武人政权之所以没有掌握地方性（区域性）基础，第一个原因是高丽王朝与中世的日本不同，是以中央集权官僚制为基础建立起来的。地方势力是不可能很大地变革国家体制的。这种集权性与高丽比日本处于更强烈且持续的对外紧张形势之中有密切的关系。建立防备国外危机的军事体制需要一元化的决策，以及将这种决策迅速传达到国家底层的能力。

如上所述，仅以权力的自立程度为指标来看的话，显而易见，武人政权的权力与镰仓幕府相比相当不成熟。但是，如果改变视角，关注催生了"武"的权力的社会阶层流动化，就可知这给高丽带来的影响更为深刻。

1173 年的癸巳之乱中，李义旼杀先王毅宗，武人政府非但没有对其处罚，反而升其为大将军。李义旼于 1184 年掌握权力，在败给崔忠献之前居权力宝座十三年。据说他父亲是卖盐和筛子的商人，母亲则是寺院的婢女。当时的习俗是良人与奴婢之间所生的孩子是奴婢身份，因此李义旼应该是奴婢身份。

崔忠献虽说是良人身份，但也不过是一介上将军之子。他被高丽王赐"王"姓，爬到权力顶峰，1231 年崔怡之妻郑氏死时，国王高宗命令按照顺德王后之例举行葬礼。王族、大臣等国家高层人士竞相进献，郑氏还被赠予"卞韩国大夫人"的称号和"敬惠"的谥号。

李义旼也好，崔氏也好，他们成为武人首长时，血脉的尊卑完全没有成为问题。

本章开头介绍的万积等人所说"将相宁有种乎"这一句巧妙地讲述了尊卑观念动摇的状况。武人被文人压制，他们的反抗甚至给予最低贱身份者被解放的期待。贱民们还意欲一并超越掌握大权的武人，建立无良贱差别的社会。

同时期动摇日本的源平内乱虽然确实是将社会的广

泛阶层都卷进去的大动乱，但看不到非人或下人为寻求身份解放而参加内乱的事例。幕府权力的成立并没有带来尊卑观念的动摇，正如武家栋梁须由源赖朝那样的"贵种"担任一样，倒不如说幕府权力是以尊卑观念为前提的。

正因为如此，即便遭遇了自立权力的地方分立的事态，以血脉传承为基础、体现着国家统一的天皇也仍然能存续下去。

日本史和朝鲜史的分水岭

在高丽，1258 年崔氏灭亡之后，金、林两氏作为武人掌握政权，但到了 1270 年为文人势力所灭，文人占优势地位的传统型国家复活了。如前所述，虽然 14 世纪末取代高丽王的李成桂的权力有可以被叫作"武人政权"的要素，但李成桂建立朝鲜王朝以后，采用了文人占绝对优势地位，由文（东）、武（西）两班组成国家官僚的体制。成为朝鲜王朝社会意识重要因素的"两班"从此登场了。

另一方面，日本的幕府这一武人政权的生命力顽强得令人震惊。后醍醐天皇"公家一统"的政权革命虽然收获了精彩的成功，但仅维系了两年时间。取而代之登场的是在许多地方和镰仓幕府有共同点的室町幕府。

16 世纪末，以新的生产力和军事力为背景，"天下人"克服战国大名的割据状态，登上历史舞台，但德川家康就任征夷大将军、创立德川幕府后，幕府的形式就稳定下来了。德川幕府持续了两个半世纪，因明治变革最终结束了漫长的生命。

正如我们已经提到的，12 世纪末在日本与高丽接连诞生的武人权力有很多的共同点。二者走向截然相反的命运，是因为 13 世纪东亚突然出现的蒙古帝国的军事威胁。

蒙古于 1231 年开始进攻高丽，约 30 年间将高丽全境推向荒废的极点。崔氏政权四代而亡的主要原因也是在反蒙古战争中耗尽了元气。

崔氏灭亡两年后的 1260 年，高丽王元宗缔结了臣属蒙古皇帝忽必烈的议和条约。接替崔氏的金、林两氏武人权力也在与蒙古协作的王室和文人势力之下衰微，最终在 1270 年，林惟茂被文人杀死，持续约一个世纪的武人政权时代结束了。

可是，1258 年崔氏政权灭亡时，高丽王高宗向蒙古这样表明：

> 本国所以未尽事大之诚，徒以权臣擅政，不乐内属故尔。今崔竩已死，即欲出水 [江华岛] 就陆 [开京]，以听上国之命。

114

武人政权是反蒙古战争的指导者，他们的灭亡直接导致了高丽向蒙古屈服。与高丽王或文人势力相比，武人政权是不得不被蒙古消灭的。这是朝鲜史与幕府成为政治中心的日本史的分水岭。

幕府权力的特质

115　　与高丽武人政权相比，镰仓幕府的灭亡有着怎样的特征？

承久之乱以后，掌握幕府实权的是执权北条氏。社会阶层的流动性也能由此看出，但北条氏权力的特征是，占据幕府形式上首长位置的是比源赖朝身份更高的"贵种"。

源实朝死去，源赖朝直系血脉断绝之时，北条氏从摄关家迎请了藤原赖经为镰仓殿，甚至于1252年采取了拥戴当时天皇的兄长宗尊亲王为将军的政策。"皇族将军"一直持续到幕府灭亡为止。这是在以天皇为顶点的尊卑观念的前提下诞生的产物。

镰仓时代中期以后的北条氏权力以家督"得宗"① 为中心实行了严苛的专制统治，与得宗实力相对应的幕府地位

---

① 即北条氏嫡传一系，镰仓时代中期以后幕府权力日趋向北条氏嫡传一系集中，即"得宗专制"。北条氏庶家的影响力减弱。

原本应是将军。然而在顽强禁锢着武士们的尊卑观念之下，得宗无法担任将军。得宗专制就是在这一制约之下谋求强行集中权力所致的必然结果。因此，对于被统治的御家人来说，想要让他们接受得宗专制统治的正当性是极其困难的。

116

人们经常说，"蒙古袭来"① 这一日本历史上罕有的对外战争加速了幕府体制的专制化，导致御家人阶层的不满逐渐积累，成了幕府灭亡的远因，这是事实。但是这样的因果关系不像高丽武人政权那样直接。这是因为虽然幕府灭亡了，"幕府式的权力组织"却存续下来。

倒不如说，以后醍醐天皇为中心的倒幕运动虽然没有多少缜密的战略，却出色地达成了目的，原因就是武士们对出身不佳的北条氏的统治感到反感。后醍醐天皇之子护良亲王奔走号召各地寺社、武士起兵倒幕时的如下宣传语，可以说出色地射中了得宗权力的阿喀琉斯之踵。

伊豆国在厅②北条四郎时政九代后胤，高时相模入

---

① 原文作"元寇"，这是日本历史叙述中对元的蔑称，本书为还原原文语境，保留了一部分"元寇"的表达，其余则译为"蒙古袭来"。

② 在厅即在厅官人，是地方机构国衙所属的官吏，在朝廷眼中是不入流的官职。护良亲王以此称呼北条时政，意在说明北条氏身份低微。

道① ［最后的北条得宗］一族东夷等，承久以来，采国于掌，奉蔑如圣朝，乱国之条，下极上之至，奇怪……

117　　另外，将足利尊氏这样一个优柔寡断且不执着于权力、很难说具有政治家性格的人推上幕府再兴者位置的力量，来自同样的源头，即周围人对具有"源家栋梁"资格的足利尊氏"贵种性"的期待。

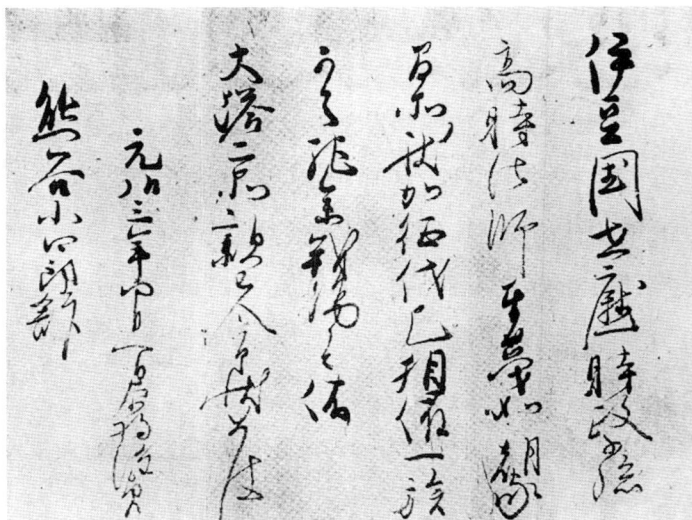

护良亲王令旨（『熊谷文書』，个人藏）

---

① 入道即出家入道，北条高时此时为在俗出家者，虽已剃发，但仍未退出政治舞台。

　　虽然有时幕府被认为是与天皇、朝廷对立，并克服之的力量，但这是一个误解。幕府存续的必不可少的前提是以天皇为顶点的身份秩序，这一点不可忘记。

　　幕府这一权力组织保持长寿的秘诀并不仅仅是掌握了强大的武力。幕府与朝廷互相需要，幕府提供武力，朝廷提供权威，因而恰如其分且安定的国家体制建立起来。这样的相互扶持和依靠，才是使得古代以来的日本王家，即天皇家能够保持世界史上罕见的长寿的理由。

118

　　明治维新时以朝敌之名被打倒的幕府权力组织，正是让天皇、朝廷生存并延续下来的真正功臣。

第四章

亚洲的"蒙古袭来"

一国史的观点和世界史的观点

蒙古军船（《蒙古袭来绘词》，宫内厅三之丸尚藏馆藏）

常识性蒙古袭来论的歪曲

一般认为，日本历史上被称作"蒙古袭来"的 13 世
纪下半叶的战争是这样的：元与高丽联合进攻日本，镰仓
武士勇敢迎击，在"神风"的共同作用下，以前所未有
的行动守护了日本。

这样的认识似乎一直扩散到了社会底层。"蒙古、高
丽"等词被赋予了"不清楚本来面目的令人生畏之物"
的意思，被用作吓唬小孩的词语；甚至有近代日本将统治
朝鲜认作报复元寇的言论。这样的蒙古袭来论承担了以历
史证明近代日本的朝鲜蔑视观的功能。

在这里，单单从"日本国"一方观察事物的一国史
视野具有局限性，很难看出与世界史的联系。如果限定在
日本史的话，蒙古袭来的影响是又大又深重的。其本身也
是重要的研究课题。但如果从欧亚规模来看的话，可以说
蒙古袭来不过是根本不值一提的小事件。

首先来看被视作与蒙古同样是敌人的高丽。高丽在蒙
古袭来日本的 40 年前就开始遭受蒙古的袭击，抵抗持续
了 30 年。不可忘记高丽也是遭受同样命运的伙伴这一点。
高丽被迫协助蒙古，是因为战争削弱了高丽国力，王室不
得不屈服于蒙古。

甚至，蒙古史无前例的扩张将整个欧亚大陆卷入同一个巨大的旋涡之中，结果，连东部尽头的日本列岛也被置于与远方密切的联系之下。马可·波罗在《东方见闻录》中如此生动地描述了蒙古帝国在世界史中发挥的作用。

此外，蒙古在九州遭受的那种军事失败在拉长的战争前线是很常见的光景。连那个"神风"也不只是在日本刮过。

并且，受到蒙古进攻的国家与地区，或早或迟都会进行抵抗。当时，接壤的国家或地区之间出现了联合的可能性。这不是历史学家的空想。事实上存在出现联合的例子，日本甚至也成了被号召加入的对象。

本章以东亚为中心，尽可能地站在世界史的视野，考察亚洲各地的蒙古袭来，试图在其中找出日本的文永、弘安两次战役及其后的政治过程、思想状况所占有的位置。

一个半世纪的蒙古扩张

进攻日本的蒙古军踏上日本的土地其实只有很短的时间。那么蒙古进攻高丽持续了多长时间？以最大值计算，从 1219 年到 1368 年，竟然长达一个半世纪。

1216 年之后反复进攻高丽北部的契丹人在 1219 年被高丽军逼到绝境，困守在平安南道的江东城。在那里，成吉思汗麾下的哈真和札剌率蒙古军现身，他们对高丽人说：

"一道进攻契丹人，若能取胜，蒙古便与高丽约为兄弟之国。"高丽虽犹豫，但还是接受了提案，江东城就此陷落。 123 然而，蒙古使者很快接连出使高丽，索要大量的贡物。

于是，在高丽的反蒙古情绪高涨的 1225 年，发生了蒙古使节在从高丽返回途中于鸭绿江边被人杀害的事件。虽然犯人身份不明，但蒙古严厉指责，认为是高丽的责任，决定与高丽断交。此时，成吉思汗正在征讨西方，所以暂时什么事情也没发生。然而 1227 年成吉思汗死后，1229 年窝阔台接替成吉思汗之位，蒙古就把高丽钉了靶子上。

1231 年，以对使节被杀事件问责为理由，蒙古军攻击高丽，进入高丽西北部，包围都城开京。次年，掌握高丽政府的武人首长崔瑀（崔忠献之子）将王室转移到附近的江华岛，表明了抵抗的态度。关于此后持续约 30 年蒙古军对高丽的进攻，我们将另起一节介绍。

1260 年，高丽终于与蒙古缔结了从属的和约。终于使高丽屈服的蒙古将日本定为下一个目标，并意图把高丽作为进攻日本的基地。

弘安之役爆发之前的 1280 年，蒙古在开京设立"征东行中书省"（简称征东行省），作为以远征日本为目的的官衙。虽然征东行省的长官是高丽国王，但副官由蒙古人担任，后者时常干涉高丽的内政。 124

第三次的日本远征计划再度受挫，其现实意义虽然变得薄弱，但征东行省并没有被废除。倒不如说，其作为对高丽实施统治机构的性质越发增强，一直存续到 1368 年元被明击败之时。

由此可知，给高丽带来痛苦的巨大原因是"征东"，也就是蒙古征讨日本的计划。另外，正如后面还将详述的，若没有高丽的顽强抵抗，毫无疑问，日本的受害程度不会以这点程度就结束。

然而二战以前众多的研究都将高丽视作蒙古的同盟、可憎的敌军，以此煽动排外意识。甚至还有学者认为，高丽为了打击倭寇的根据地日本，才积极地引导蒙古进攻。这种只关注本国利益得失的狭隘视野，在与对朝鲜的统治者意识结合之时，就可以把历史歪曲到这种地步。

六次进攻

我们可以把 1231—1259 年，历时近 30 年的蒙古军对高丽的进攻分为六次。

1231 年的第一次进攻，撒里答率蒙古军进入平安道、黄海道，包围开京，南下到忠清道的清州。高丽不得已献上了大量的贡物，以在西北部设 72 名达鲁花赤为条件，与蒙古达成了和议。所谓达鲁花赤，是蒙古为将占领地常态化所设置的民政监察官，其暴行时常成为高丽以外其他地区纷争的导火索。

撒里答在 1232 年起初一度撤军，但武人政权首长崔瑀不满达鲁花赤的暴行，将王室转移到江华岛，让民众到山岳和岛屿上避难，随即撒里答要求他们还都开京（称为"出陆"），再度进攻高丽。

第二次进攻时，庆尚道大邱符仁寺的《大藏经》（佛教经典全集）经板被烧毁。这些经板是信奉护国佛教的高丽于 11 世纪为击退契丹人而奋力祈祷时雕刻的。但高丽一方的抵抗也十分激烈，撒里答在京畿道处仁城之战中战死，失去主将的蒙古军不得不退去。

1234 年，蒙古灭亡女真人政权金，与南宋直接对峙。乘此势头，次年蒙古军开始第三次攻击高丽。截至 1239 年的五年间，蒙古不以江华岛的武人政府为对手，而是进入包括南部在内的朝鲜半岛全部地区，以民力疲敝为目的实施作战。

1238 年，高丽向蒙古乞求休战，面对蒙古让国王入朝的要求，次年，王族王佺入朝蒙古。与此同时，高丽于1236 年重刻大藏经板，历时十五年完成。超过八万块的经板后来从江华岛被转移到庆尚道的海印寺，现在与收藏经板的藏经板殿一起被认定为韩国国宝。

1241 年，窝阔台去世，在未能确定继承人的情况下，皇后脱列哥那（乃马真）的统治持续了五年。1246 年窝

海印寺的《八万大藏经》（出自『週
刊朝日百科日本の歴史』中世 I - ⑨）

阔台之子贵由终于即位，次年冬天，阿母侃率蒙古军进攻
高丽。这是蒙古第四次进攻高丽。

然而，1248 年一月贵由骤死，进攻行动中止。皇位
继承之争重启，皇后海迷失的统治持续到 1251 年窝阔台
的侄子蒙哥即位。就像这样，蒙古未能确立皇位继承原
则，在蒙古继嗣争夺皇位之际，高丽获得了喘息的机会。

1253 年夏天，也古率蒙古军开始第五次进攻高丽。
对于蒙古提出的"出陆"和"亲朝"（王亲赴蒙古朝觐）
的要求，高丽国王高宗走出江华岛迎接蒙古使节，并让第

128

蒙哥及其家族（拉施特《史集》插图，出自集英社『図説日本の歴史』6）

二王子入朝蒙古。1254 年一月，蒙古军撤退。王子入朝蒙古成了王室摆脱武人政权、与蒙古联合的契机。

这一年七月，以责备高丽没有实现真正意义上的"出陆"为名，车罗大率蒙古军进攻高丽。第六次进攻持续了六年，包括短暂的休战期，一共有四波。

1254 年的第一波，超过 206800 名高丽人成为俘虏，被杀者数不胜数，呈现了"［蒙古军］所经处州郡皆成灰烬""骸骨蔽野"的惨状。

1257 年第三波的次年，高丽发生政变，持续四代的

129

崔氏政权灭亡。其后实权由金俊等武人掌握，高丽抵抗力的衰退已不可阻挡。

政变之后的第四波进攻军队，分为在平安道—开京—朝鲜半岛南部一线展开的主力部队，和进入东北部咸镜道到江原道的部队。在后者部队中出现了高丽地方豪族向蒙古军投降的动向，蒙古应此情况，在和州（今永兴）设立"双城总管府"，将周边编入本国领土。1259 年四月，高丽派太子王倎入朝蒙古。

蒙古的进攻一方面使得高丽生灵涂炭，没给武人政权成熟的时机就将其击碎，另一方面加速了社会的流动性，推动了高丽的民族整合。

130　最勇敢的反抗者是贱民们。1232 年忠州攻防战时，与两班别抄最先逃走相比，奴军杂类别抄英勇作战，将蒙古军击退。1253 年，同样是在忠州，守将金允侯向奋战的士兵约定，无论贵贱都将给予官职，还烧毁了官奴的籍簿。正是对奴隶身份获得解放的期待，成了反抗斗争热情的源头。

蒙古的对宋战略与日本招谕

1260 年，蒙古蒙哥汗的弟弟忽必烈、高丽高宗之子元宗分别即位，高丽与蒙古缔结讲和条约。蒙古开具的条件包括：第一，蒙古停止不合理地派遣使节，撤出驻军和达鲁花赤；第二，蒙古送还高丽俘虏、逃亡者；第三，还都开京应量力而行（即不必立即还都）。这些是谋求和解的条件。无论如何，解除与高丽长年战争的状态使蒙古的亚洲战略发生了重大转换。

1261 年，蒙古以派出的使节未归为由对南宋宣战。当年，蒙古册封安南国王为臣下，次年在安南设置达鲁花赤。1264 年，忽必烈在内战中取胜，降伏对抗者同母弟阿里不哥。当年，高丽元宗作为国王首次亲朝蒙古。1266 年，蒙古着手实施向日本派遣使节并将其拉到自己阵营下的计划。这就是"日本招谕"。 131

这一系列的事件是蒙古军对南宋实施包围的精密作战计划。1268 年，蒙古军包围了长江支流汉水边的要地襄阳。南宋能否守住此处，蒙古能否攻陷此处，将具有决定战争全局的重要意义。

日本招谕的主旨是结好、亲睦这样灵活的内容，但也不可以忘记有"以至用兵，夫孰所好"的威胁语句。忽必烈命令高丽引导使节去日本，并叮嘱使节黑的"勿以风涛险阻为辞"。 132

黑的到达朝鲜半岛南边的巨济岛，"遥望对马岛，大洋万里，风涛蹴天"，遂颓丧而返。这是不愿蒙古与日本开战的高丽宰相李藏用与黑的串通演出的戏码，于是忽必

忽必烈像（台北故宫博物院藏）

烈震怒，命令高丽承担与日本交涉的责任。

高丽使者潘阜于 1268 年到达大宰府，于是日本首次知道了蒙古的意图。第三次的使节到对马就返回了。第四次，虽然使者成功将国书交给了日本一方，朝廷想要做出回复，幕府却将其搁置起来。1271 年第五次使节是著名的赵良弼，这次也是朝廷决定回信，又因幕府反对而作罢。

以上是以高丽为中介，蒙古与日本进行的交涉。在这期间的 1270 年，高丽国内发生了大事件。

这年一月，与蒙古接壤的高丽西北部实力派地方豪族崔坦等人反叛高丽，投效蒙古，很快蒙古在崔坦等人的势力范围内设立"东宁府"，将其编入了自己的领土。

五月，出陆派文人势力在江华岛发起政变，武人首长

133

林惟茂被杀，高丽武人政权灭亡。元宗决定尽快还都开京，收缴三别抄的名簿。三别抄是武人政权下构成其军事力量主力的军队，起初被委以追捕国内盗贼之任，后来成了抵抗蒙古的主力部队。

六月，三别抄起事，反抗元宗的行动，拒守江华岛。

十一月，蒙古在高丽设置屯田经略司，次年三月开始屯田。这种从屯田获取物资以供应进驻的蒙古军的制度，对高丽来说当然是很大的负担。

接着，十二月赵良弼被任命为通日国信使，次年初到达开京。

三别抄的起兵与文永之役

1270 年六月起兵时，三别抄掠夺府库，烧毁图籍。图籍中应该包括了贱籍，因此可以看出这一行为有解放贱民身份的意图。与此密切相关而形成的是强烈的民族意识。三别抄的檄文——"蒙古兵大至，杀戮人民，凡欲辅国者皆会于毯庭"——集中地表现了这一点。 134

三别抄甚至继承了武人政权的遗志，自立国王，组织国家机构。三别抄不承认屈服蒙古的元宗为国王，试图重建"王—武人首长"的武人政权。因此，高丽武人政权的命脉因三别抄的败北才完全地断绝。

三别抄在起兵以后乘 1000 余艘船南下，选定全罗南道的珍岛为根据地。次年（1271）初，其势力极盛，高丽本土呼应起兵者接连不断。叛军几乎控制了全罗道，并占据了庆尚道南岸。

然而，因为首领裴仲孙采取了与蒙古军联合确保全罗道的路线，三别抄发生了内讧，五月因蒙古、高丽联军进攻，珍岛陷落。残兵由金通精率领，逃到了更南边的海中的济州岛。

135　　　在珍岛失败后，三别抄反蒙古的色彩更加鲜明，1272 年三月以后，三别抄出没在从庆尚道到京畿道的广大海域，开展了游击战式的海盗活动。但是已经没有珍岛时代那样本土呼应的行动，1273 年四月，在蒙古军、由金人构成的汉人军队、高丽军总计一万余人的总攻之下，济州城陷落，持续四年的叛乱结束了。济州岛成了蒙古的直辖领地，被用作军马的牧场。

元——蒙古于 1271 年十一月将国号改为"元"——开始实施对日本的征讨，是在 1274 年十月。这就是文永之役。三别抄的叛乱大幅推迟了元对日本作战的时间，也拖累了征讨军，毫无疑问，这减弱了进攻日本的势头。

不过，最引人注目的事实是，1271 年三月至四月，三别抄从珍岛向日本派出使节，请求援军和军粮。三十多年前发现的古文书里有如下记述：

> 高丽牒状不审条条
>
> ①一、以前状〈文永五年〉①，扬蒙古之德，今 136
> 度状〈文永八年〉，韦羶者无远虑云云，如何。
>
> ②一、文永五年状书年号，今度不书年号事。
>
> ③一、以前状，归蒙古之德，成君臣之礼云云。
> 今状，迁宅江华岛近四十年，被发左衽圣贤所恶，仍
> 又迁都珍岛事。
>
> ④一、今度状，端不从成战之思也，奥为蒙被使
> 云云，前后相违如何。
>
> ⑤一、漂风人护送事。
>
> ⑥一、屯金海府之兵，先廿余人，送日本国事。
>
> ⑦一、我本朝统合三韩事。
>
> ⑧一、安宁社稷，待天时事。
>
> ⑨一、请胡骑数万兵事。
>
> ⑩一、达兄疏许，垂宽宥事。
>
> ⑪一、奉贽事。
>
> ⑫一、贵朝遣使问讯事。

---

① 〈 〉内为原文内的小字夹住，下同。

137 　　　这是将文永八年（1271）送来的高丽牒状（"今度状"）与文永五年（1268）送达的牒状（"以前状"，即潘阜所持牒状）比较之后，列举认为有可疑之处的笔记。这被推定为在后嵯峨院评定会议时提供的参考资料。

　　　由于第③点记录了 1232 年的江华岛迁都和本次的珍岛"迁都"，"今度状"明显是由三别抄送来的。从将转移到珍岛写作"迁都"，以及⑦、⑧的语句，可以看出他们认为自己才是受天命的正统高丽政府的自我主张。

　　　我们知道，第①点"韦毳"和第③点"被发左衽"是蔑视游牧民族风俗的词语；第②点"今度状"没有使用蒙古的年号"至元"。此外，第⑩、⑪点是对投靠蒙古的高丽旧政府的指责。这里表现的反蒙古意识与"以前状"称扬蒙古之德形成了鲜明对比。

　　　更需要注意的是，如第⑤点护送漂流民、第⑫点交换外交使节的提案所示，应该说三别抄试图与日本结成平等互惠的关系。

138 　　　事实上，与该文书相关的记录见于京都贵族吉田经长的日记《吉续记》文永八年九月条。其中吉田经长把三别抄的牒状的要点归纳为"蒙古兵可来攻日本，又乞粜［卖出的米］，此外乞救兵欤"。

　　　以高丽国正统政府自居的三别抄向日本请求军粮和兵力的援助，这意味着以国际联合为基础，向日本发出了共同对抗蒙古威胁的号召。

　　然而遗憾的是，没有迹象表明日本一方理解了这一重大意义。吉田经长评论在评定会议时朗读牒状的儒者为"无停顿读之""无日来稽古之名誉，人以不信用"等。评定会议与其说是决定国家外交政策的场所，不如说是儒者们比较汉文读解能力的场所。而且正如吉田经长所记"就状了见区分[解释各式各样]"，似乎无人能正确解读牒状的意思。

　　于是日本一边的反应是，幕府仅仅下达了"因有蒙古袭来的情报，在九州有领地的御家人立即前往九州，与守护一起防御异国"的内部指示。

　　这时，幕府内部充满了不安的气氛。果然，1272 年二月，北条同族名越时章、名越教时兄弟在镰仓被杀，六波罗探题南方①北条时辅在京都因北条时宗命令被杀（北条时辅为北条时宗庶兄）。受这场被称作"二月骚动"事件的影响，幕府对元的军事准备大幅推迟了。事件以后，幕府终于开始动员九州的武士守卫博多湾沿岸，设置"异国警固番役"。

　　文永十一年（1274）十月五日，元军、高丽军总计三万数千人出现在对马西海岸。元军击破对马的防卫部队，

①　即六波罗探题的副长官。六波罗探题是镰仓幕府设置在京都，与朝廷联络、负责治安及管理西国御家人的机构。

一举吞下壹岐，当月二十日拂晓开始在博多湾沿岸登陆。在前所未见的武器和组织集团战法面前，日本军陷入苦战，不得不退入大宰府。但当天夜里，元军全员退回了停泊在博多湾的船上。半夜刮起越来越大的暴风，元军轻易地撤退了。这就是日本经历的第一次蒙古袭来，即文永之役的全貌。

南宋灭亡与弘安之役

在三别抄灭亡两个月前的 1273 年二月，历经六年的激烈战斗之后，襄阳落入了元军之手。元军乘势沿汉水、长江而下，1276 年一月攻占南宋都城临安，1279 年二月将南宋皇室驱赶到广东的海中。

此前，元全部的战略都集中在灭亡南宋上。如今目标已经达成，状况为之一变。以有"天下粮仓"之称的江南的丰厚经济实力与庞大人口为后盾，元具有了将战线一口气拉长的条件。

1275 年四月，元朝使节再度来到日本。九月，幕府在镰仓龙口将使节斩首，日本国内陷入一片紧张之中。

十一月，北条同门的金泽实政作为丰前守护金泽实时（金泽实政之父）的代理从镰仓前往九州。此时，幕府大幅更换西国沿海诸国守护，新任守护亲自带兵前往赴任地。与之呼应，作为京都防卫策略的一环，六波罗探题的人员力量也得到了强化。

　　幕府甚至向九州武士发布动员令，以次年（1276） 141
三月为期，欲向高丽派遣远征军，当时将其称为"异国
征伐"。但同在三月，博多湾沿岸开始修筑石墙（元寇石
垒）工事，"异国征伐"的计划于是中断了。

**福冈市西区今津的元寇石垒（出自集英社『図説日本の歴
史』6）**

　　临安陷落的消息传到日本是在 1277 年六月。1279 年
七月，因为前一个月来到日本的元朝使节再度被斩，元军
再度来袭已经只是时间问题了。

　　在日本被叫作"弘安之役"的元军第二次征讨日本

建造之初的石垒（《蒙古袭来绘词》，宫内厅三之丸尚藏馆藏）

的行动比第一次规模大得多。与第一次征讨时由蒙古人、朝鲜人组成，以高丽为基地的四万东路军相比，第二次征讨主要由南宋人组成，以江南为基地的江南军有十万之数。

1281 年五月出征的东路军进入对马、壹岐，六月六日出现在博多湾。陆上、海上的战斗持续了一周，但由于石垒完工，日本军的抵抗出人意料地顽强。东路军放弃登陆，退回壹岐，等待江南军的到来，但江南军严重超出了预定的日期，直到六月末才赶到。

4400 艘船和 14 万人的大军集结在肥前平户附近海上，大军在休养了约一个月之后，于七月二十七日占领了伊万里湾入口的鹰岛。

　　从三十日起越发猛烈的大风，在闰七月一日将大船队像树叶一般玩弄，船只破损，士兵溺死。日本军乘势发动了鹰岛周边的扫荡战，未溺死的兵士也被杀死或俘虏。《高丽史》记载："蛮军皆溺死，尸随潮汐入浦，浦为之塞，可践而行。"生还者不过三万数千而已。 143

鹰岛海面扫荡战（《蒙古袭来绘词》，宫内厅三之丸尚藏馆藏）

　　第二次失败之后，忽必烈并没有放弃征伐日本。忽必烈又制订了第三次征讨日本的计划，但由于江南的反政府起事和爪哇方面战况恶化，计划流产了。1278 年以后，帝室主导权之争所诱发的大规模内乱持续了五年，已不失去了远征日本的时机。

1292 年，时隔很久，忽必烈再度决定征讨日本，高丽忠烈王也表示积极协助。元朝地方官僚交付日本商船的牒状与高丽使节所携的牒状接连向日本传达了忽必烈的意图。

幕府受此，任命北条兼时、名越时家二人为"异国打手大将军"①，二人从次年开始行使整个九州的军事指挥权和一定的听审权。这就是镇西探题的发端。

然而 1294 年一月忽必烈死去，日本远征也化为泡影。1296 年，镇西探题被赋予了御家人诉讼的确定判决权。作为应对外部压力而设置的镇西探题，于是就成了维持北条氏的九州统治的强大机构。

亚洲中的蒙古袭来

144　　南宋灭亡后，在元的世界战略之中，日本"升格"为与爪哇同等的目标了。日本与东南亚虽然没有直接联系，但在客观上，二者在元的世界战略中牢固地结合在一起。

譬如说，南宋灭亡仅五个月后，元建造"征日本及交趾战船"。次年（1280），元在高丽设置了征东行省，

---

① "打手"这里读作"うって"，"异国打手大将军"意为讨伐异国的大将军。

作为征讨日本的机构，同时开始攻击缅国（蒲甘王朝）。缅国最终在 1287 年被元军灭亡。

第二次征讨日本的 1281 年，在安南，元将其傀儡扶上国王之位。如前所述，第三次征讨日本的计划再度受挫，是因为江南的反政府起事以及爪哇战况陷入泥沼。1286 年，当忽必烈听闻占城（越南南部王国）、安南，以及广东地区的窘迫境况，表态中止征讨日本时，据说江南的人们欢声如雷。

1282 年，占城反抗元。元试图征讨，命令安南协助，但遭到拒绝。元一度成功占领占城都城毗阇耶，1284 年，派往占城的 15000 名援军、200 艘船只遭遇暴风而溃败。1292 年元征讨爪哇时，元朝海军也遭遇暴风，损失巨大。"神风"不只在日本一地刮起过。

1284 年，安南见征占城军瓦解，遂派遣 20000 名援军给占城。因此，安南也遭到元军的入侵，1285 年一月，都城河内被元占领。国王舍弃都城逃亡，但仅三个月后安南军就夺回了河内。

在这一系列过程中值得注意的是，以抵抗元为目的，安南、占城间建立了合作关系。历史上属于中华文化圈的安南和属于印度文化圈的占城，在地理上接壤，却也反复处于深刻的对立之中。元的威胁成了克服这种对立感情的力量。在东亚相邻的日本和高丽虽然与此情况相似，却如

145

146

前所述，没能联合起来。

1287 年，元军再度占领河内，但在撤退途中遭遇激烈反击，在白藤江遭遇了决定性的失败。到此为止，元不再介入安南。

就像这样，无论在日本，还是在占城、安南、爪哇，元军虽然一度胜利，但最终未能维持战果。补给线延长的前线、不擅长的海战（日本、占城、爪哇的情况）、兵士主力是缺乏战斗意志的南宋降军，这三个状况合在一起，可以说元军的败北是必然的。

虽说如此，蒙古在东南亚的进攻与在日本的并不是相同的程度。日本没有像安南那样为了国家存续而不得已接受册封，也没有像占城或安南那样都城落入元军之手，更不像缅国那样国家为元所灭。弘安之役中元军虽然投入了 14 万人，是最大规模的战争，但从遭受的损害来看，不得不说日本与东南亚各国相比是非常轻微的。

147　　　　　神国思想与朝鲜蔑视观

蒙古袭来给日本史带来的影响，比起军事方面，思想方面的影响可能更大。发挥了让元军溃败的重大作用的暴风雨当然被解释为神意的彰显。"日本是神明守护的国家，无论何种外敌都不可侵犯"这样的神国思想，如第一章所述，伴随着对新罗人的猜疑和蔑视，在九世纪时出现了明确的形态。

但在蒙古袭来以后，这种蔑视更为深化，广泛地渗透到社会中。我们以"神功皇后征伐三韩"传说为例来一窥其样态。

在显示了传说早期样貌的《日本书纪·神功皇后即位前纪》中，征伐三韩的动机被写作对财宝的欲望，此外《日本书纪》还记载，皇后让新罗屈服，让其饲马。此处已经出现了蔑视新罗的意识，读者也可以读出把新罗视作遍地金银财宝的国家这样憧憬的意味。

148

在石上刻字的神功皇后（《神功皇后缘起》，克利夫兰美术馆藏）

这一传说到了镰仓时代末期的《八幡愚童训》甲本里，征伐的动机就变成了讨伐仇敌，还创作了三韩征伐的前传，即新罗侵略日本的故事。这里毫无疑问反映了对协

129

助蒙古袭来的高丽的恨意。此外，饲马的故事变成了皇后用箭尾在石头上刻了"新罗国大王日本国犬也"的字样的故事。饲马者是身份低微之人，但终归是人，到了中世新罗则落到了和狗一样的畜生的地步。

南北朝末期的《太平记》卷三十九的"神功皇后攻新罗给事"中，故事大致与《八幡愚童训》相同，但新出现了"三韩之夷"这样的词语，三韩被理解为同时代的高丽。

149　　与故事内容一样不容忽视的是，《八幡愚童训》和《太平记》被社会广泛接受，是民众可以近距离接触的作品。特别是《八幡愚童训》有众多不同的版本，甚至流传至爱媛县八幡滨市八幡神社这种地方神社。此外包括征伐三韩传说在内的本书前半部，作为八幡神缘起而独立出来的作品，以绘卷、奈良绘本、印刷出版物等多种形式大量保留下来。

从以上事实可以想象全国的八幡宫极度积极地对民众实施教化，宣传八幡神降伏异国的灵威。在这样的活动之中，将新罗王视作犬这样露骨的蔑视观也在民众之中广泛传播并稳定下来。

中世以来膨胀的朝鲜蔑视观在近代朝鲜殖民化过程中进一步发展。哪怕只是为了去除这种意识的束缚，以亚洲的或者世界史的视野来重新考察蒙古袭来的尝试，也可谓具有重要意义。

第五章

"日本国王"的诞生

足利义满论

足利义满像（京都鹿苑寺藏）

日本国王良怀

1368 年一月，在元朝末年的群雄割据中脱颖而出的朱元璋在南京称帝（庙号太祖），定国号"明"、年号"洪武"，将元帝室从大都（今北京）逐回其故乡蒙古高原。太祖的大业一成，立即向四夷（周围的外族国家和势力）派遣使节，通告他们向明遣使，表明庆贺、服从的意思。

早在当年十一月，明就向日本派遣了使节，使节却在九州某处被贼人杀害。第二次的使节杨载于 1369 年二月出发，抵达大宰府，但一行七人中的五人被控制大宰府的"良怀"杀害，杨载仅与另外一人保住性命逃了回去。

次年三月，第三次使节赵秩与杨载一同前往日本，成功地说服了"良怀"，让其向明派遣使节。使者祖来于 1371 年十月抵达南京，带着册封"良怀"为"日本国王"的诏书和明订立的历书大统历，踏上了回国的旅途。

读到这里，读者们难道不会觉得奇怪吗？为什么仅仅是大宰府控制者的"良怀"成了"日本国王"？良怀什么的根本没听说过，他到底是谁？

为了解答以上疑问，就需要了解当时九州的形势。

当时日本处在南北朝内乱的末期。在全国各地，南朝一方几乎都处在没落的状态，室町幕府的平定战争已接近落下帷幕，唯独九州是例外。

后醍醐天皇皇子之一的怀良亲王受菊池氏等人拥戴，1361 年夺取大宰府，称"征西将军宫"，几乎将九州全部地区收入势力范围。这个政权被叫作"征西府"。征西府的极盛期是 1360 年代后期，1371 年是其倾倒之时。明朝记录里所见的"良怀"就是怀良，这一点首先应该是无疑的。

那么明是将怀良误认为整个日本的统治者，因而册封其为国王的吗？使节亲赴当地，且使节没有特地编造谎言的动机，所以我们不得不认为，明在知晓其为九州统治者的基础上，将怀良册封为"日本国王"。

解开这一谜题的钥匙，是 14 世纪中叶开始骚扰朝鲜半岛和中国大陆沿岸的"倭寇"。

当时，元末兵乱中朱元璋的对手方国珍、张士诚的残余势力与倭寇沆瀣一气，开展海盗活动。明对沿海居民与这些海上势力的联合十分警觉，遂采取了禁止民众私自出海的海禁政策。换言之，对建国不久的明而言，倭寇不只是外部的威胁，还是国内问题。这就是明特别急于与日本建立外交关系的理由。

1369 年杨载带到日本的国书当中，有"修书特报正统之事，兼谕倭兵越海之由"的语句。"正统之事"就是太祖的即位，"倭兵越海"就是指倭寇。

明向日本国王寻求的虽然也有一般性地承认明对中国统治这一项，但重点是倭寇的禁止和镇压。当时在日本有此实力的，既不是幕府的将军，也不是北朝的天皇或南朝的天皇，而是君临大宰府、控制九州的怀良。

于是，1371 年，明太祖"册封"怀良为"日本国王"。 155 这在形式上是以皇帝为君，以国王为臣的个人主从关系，但在前近代东亚国际关系中，就意味着明与日本间建立正式的外交关系。

那么怀良接受册封的动机是什么？

怀良是被吉野南朝①派遣到大宰府的，无南朝的允许就接受明的册封，这是即便被认定为造反也不为过的行为。但这是非常局限于形式的看法。我认为，拥戴怀良的九州武士们并不是想要燃起对南朝的忠诚之心，而是想让九州地区从幕府的统治中脱离出来，谋取自己的利益。

怀良也显示出应允他们想法的态度，证据是完全看不到他前往畿内援助南朝的苗头，以及向明遣使前后的1371—1372 年发布了自称"征夷大将军宫"的文书等。

再者册封关系一旦成立，因为与明合法交往的名义仅

---

① 后醍醐天皇在逃出京都、与足利尊氏拥戴的北朝分庭抗礼后，以大和（今奈良县）的吉野山为据点。

156 限于被册封国的国王，国王就可以独自管理与明的贸易。对企图实现九州独立的人来说，这一点极具魅力。

对怀良来说，他还有更为迫在眉睫的动机。

幕府将九州的平定视作最大的问题，使出了最后的王牌，起用今川了俊为九州探题。今川了俊于1371年二月十九日率军从京都出发，五月十九日到达安艺国沼田，九月二十日到达严岛，十月八日到达长门国府，慢慢悠悠地前往九州。从祖来到达南京是在当年十月十四日来看，怀良应该是在八九月派遣祖来前往明。

幕府的军事力量逐渐迫近，怀良或许想要通过册封而以明为军事后盾。之所以如此，是因为册封关系一旦成立，当被册封国受他人侵略时，明就有救援的义务。事实上，关于次年五月今川了俊将奔着怀良而来的明朝使节拘禁在博多的理由，某史料记载道："祖来有向明乞求援军的嫌疑。"

"王权"竞争

157 然而，怀良的决断太迟了，已经错失了时机。天才战略家今川了俊于1371年末渡过了关门海峡①。他与在肥

① 本州岛和九州岛之间的海峡。

前呼子登陆的弟弟今川赖泰联手，很快在次年四月占领了博多，在紧盯大宰府的佐野山布阵。八月，今川了俊攻下大宰府，征西府败走筑后高良山。

　　仲猷祖阐、无逸克勤①两个使僧带着册封怀良为日本国王的明太祖诏书来到博多，是五月末的事。今川了俊立即将使节关押在圣福寺。

　　这样，今川了俊和幕府第一次知道了明册封怀良为日本国王一事，明朝使节则亲眼见证了征西府被驱逐出大宰府。失去大宰府后，怀良不再是九州的统治者，也不再有取缔倭寇的能力。于是，明使悄悄地弃置了给怀良的诏书，寻求与幕府和北朝交涉的门路。明使在博多滞留一年左右之后，1373 年六月末前往京都，与幕府交涉，八月末成功地让将军向明派出了使节。

158

　　知晓明朝皇帝册封怀良为日本国王一事之后，对幕府而言，与九州南朝军作战的意义发生了改变。若不能完全剥夺怀良作为日本国王的地位，对手得到明军事援助的可能性就不会消失。当前围绕九州的战争超越了对一个地区的争夺，变成了对日本国王地位的争夺。

　　足利义满就任室町幕府第三代将军是在明建国的同

---

① 前者为宁波天宁寺住持，后者为南京瓦官寺住持。一为禅僧，一为天台僧。

年，即 1368 年。仲猷祖阐等人是幕府首次迎接的中国使节。

当时的幕府首脑——与明积极外交的斯波义将等人与消极的细川赖之①等人正处于对立之中，足利义满采取了积极派的意见，任命禅僧闻溪圆宣、子建净业等人为使节，令他们随同明朝使节回中国。当时，幕府还送还了倭寇的 150 名俘虏，以显示幕府具有解决倭寇问题的能力。他们虽然没有被写入教科书，却是最初的遣明使。

1374 年六月，遣明使一行抵达南京。然而，明太祖认为他们带来的文书是"国臣之书"，而不是臣下向皇帝的"上表"，以此为理由不承认他们是日本的正式使节，将他们遣送回国。当时太祖的话是："国王良怀奉表来贡，朕以为日本正君，故遣使往答其意。"

明太祖虽然从回国的仲猷祖阐等人那里听到了"日本王统州六十有六，良怀以其近属窃据其九，都于大宰府"的报告，但一旦关系缔结，礼（外交）的秩序便无法轻易变更。足利义满不过是北朝天皇的臣下，从明朝皇帝角度来看不过是陪臣，陪臣行国礼是僭越之举。

"越分行礼"是东亚外交的禁忌，也有"人臣无外

① 细川赖之与斯波义将同为幕府重臣，曾担任幕府管领，是诸大名之中两大对立派系的核心人物。二人的对抗以"康历政变"中细川赖之下野为结束。

交"这一固定用语。足利义满于 1380 年又以"征夷将军源义满"之名派遣使者,但因"言语和意图的傲慢"再度被拒绝。

在此前后,"日本国王良怀"的使者也时常访问明。1376 年圭廷用、1379 年刘宗秩奉"良怀"的表入贡,都被明接受。圭廷用应该是奉北朝后圆融天皇之命出使明朝的山城宝福寺僧人廷用文珪。此外与刘宗秩同行的通事尤虔也可见于在 1374 年岛津氏久派遣的使节中。

换言之,他们都不是以怀良为主体派遣的使节。这里的"日本国王良怀"发挥了名义上的功能,促使与明的交往成为可能。如果礼仪规范的话,原则上明是能够接受的。这一态度持续到 1386 年"良怀"参与颠覆明的阴谋暴露,明太祖决意与日本断交为止。

在"日本国王良怀"的名义有效的期间,足利义满没有出场机会。相反,各种对手都有利用"良怀"名义的可能,这就有可能成为幕府的威胁。

特别是岛津氏非常积极,于 1374 年奉表,尝试对明入贡,因"越分行礼"受到了责难。1379 年的"日本国王良怀"使者,如前所述,实质上是岛津氏久派遣的使节,当时岛津氏久反抗今川了俊,加入南朝一方,怀良有可能与其有关。不久后,足利义持与明断绝关系以后的 1418 年,岛津存忠曾伪称足利义持的使节入明。

161 即使不限定在与明的关系，足利义满在外交上也还有其他对手。

今川了俊讨伐怀良、少贰氏、岛津氏，对幕府平定九州厥功至伟，但这些功绩也促使他成了足利义满的竞争者。他独自与从高丽到来的使节交涉，将被倭寇掳走的人送还高丽，还派属下士兵到高丽攻击倭寇。

1395 年，足利义满突然解除今川了俊九州探题之职，将其转任为远江、骏河各半国的守护职。若是考虑到其长达 20 年的大功的话，这样的措施无异于惩罚。我们只能认为这是因为足利义满对今川了俊以九州独立权力的身份进行外交抱有警觉。

今川了俊被贬官以后，足利义满的目标成了西国最大的守护大名大内义弘。1391 年，一族兼有十一国守护之职、被称作"六分之一殿"的山名氏因受足利义满挑衅被讨伐，势力大幅减弱。大内义弘在被称作"明德之乱"的事件中建立了功勋，获得了山名氏旧守护国中的和泉、纪伊，再加上周防、长门、丰前、石见，他成了六国守护大名。

162 结果，大内氏控制了濑户内海航路的重要港口堺和赤间关（今下关），确保了对外交通的绝对优势。即便是幕府，若无大内氏协助，也无法自由地与中国、朝鲜半岛来往。而且，大内义弘与今川了俊一样重视镇压倭寇，送还被倭寇掳走的人，并于1399年自称百济王子孙，请求朝鲜王朝赐予土田，加强了其作为独立外交主体的活动。

同样是在1399年十月，大内义弘应足利义满邀请上京，率大军进入堺城，却不去京都。十一月，足利义满视其有谋反之意，派遣先锋队到堺，亲率三万骑兵在洛外布阵。通过今川了俊，大内义弘预先让关东公方足利满兼加入己方，并与其他反足利义满分子取得了广泛联络。

堺出土的唐津烧绘碟

163 　　十二月，在幕府军的总攻之下，城池终于陷落，大内义弘战死。因为大内义弘一方的败北比预想的更快，所以已经出兵的足利满兼不得不收兵。

　　这一事件就是"应永之乱"。大内义弘展开的包围网并不寻常，这可谓足利义满一生中最大的危机。

　　足利义满坚持孤注一掷也要豪赌的理由，应该是想要把大内义弘控制的濑户内海航路收入自己的势力范围。在豪赌中取胜的足利义满成功除掉了大内义弘和今川了俊，收回了曾为大内氏守护国的和泉、纪伊、丰前、石见，仅认可大内一族的大内弘茂对其本来领地的周防和长门的权利。

　　大敌大内氏衰落后，能与足利义满对抗的势力就一个也没有了。

接收北朝、解散南朝

　　1368 年，在南朝衰落、北朝逐渐沦为武家傀儡的过程中，父亲足利义诠死后年仅十一岁成为将军的足利义满的官位急速地上升。

　　1373 年，足利义满成为从四位下、参议、左中将，加入公卿的队伍，1375 年升从三位，1378 年升从二位、权大纳言、右大将，1380 年升从一位，1381 年任内大臣，

164

1382 年任左大臣，转眼间青云直上，1383 年获得源氏长者、准三后①的称号。

作为常设官职，左大臣是人臣中的最高位。源氏长者是源氏这一氏族顶峰之位，通常由村上源氏等公家系统的家族成员担任。武家出身以足利义满为第一位。准三后就是相当于皇后、皇太后、太皇太后的地位，后来具有了很大的意义。

这时足利义满不过 26 岁，他之上的人仅有天皇而已。

接下来我们把目光转向足利义满的朝廷对策。

首先是北朝。京都的施政权是朝廷一边最后剩下的圣域，原本由检非违使厅这一官署管辖，但也被幕府的侍所逐渐侵蚀。从警察和治安等方面，到土地和债权关系的审判，再到对金融业者征税的掌控，幕府以这样的顺序将京都施政权收入囊中。②

最后，掌握向全国征收或免除段钱（以土地面积为基准的赋税）的权限，还有处理本所③间争执的权限——某庄园与相邻庄园各自属于不同的本所，发生边界纠纷时

165

---

① 准三后又称准三宫，即（地位、待遇）准于太皇太后、皇太后、皇后。
② 这一观点基于佐藤进一以来的"权限吸收论"，认为武家逐渐吸收、蚕食公家政权的权限，其代表就是室町幕府对京都施政权的掌握。但近年来很多学者提出了不同的看法，强调公武关系之中协调合作的一面，主张室町幕府对公家政权的重建，以及公家政权对幕府的依赖。
③ 即庄园领主。

对其审判（这本来是天皇固有的权力）——也被幕府掌握。这样一来，1380 年代，北朝掌握的权力几乎被幕府全部接收。

针对在吉野勉强维持着的南朝，终于到了足利义满踏出使之灭亡的一步的时候。其动机有二。

第一，尽管南朝仅是名义上的存在，但只要它还存续，就可能成为实力派守护反叛幕府的旗帜，幕府需要将这种可能性清除掉。第二，南朝掌握着象征王权的"三件神器"，这是北朝一方的阿喀琉斯之踵，需要设法将其夺回，恢复北朝的正统性。

此外出现了这样的状况：南朝一方主要人物接连死去，强硬派长庆天皇退位，其弟后龟山天皇即位，楠木正仪等和平派抬头。最终在明德之乱中声名大噪的大内义弘为和谈前往吉野。

166　　　大内义弘向南朝提出的和平条件有三。第一，后龟山天皇向北朝后小松天皇移交三件神器，彼时采取"禅让"的形式。如此一来，后龟山天皇的皇位就变得正当了。第二，今后天皇由南北两支皇统交替即位。第三是领地问题，国衙领由南朝掌握，长讲堂领由北朝获得。后龟山天皇接受了这些提议，于 1392 年闰十月二日返回京都，进入大觉寺。

然而此后，足利义满轻易地推翻了这些条件，特别是第二项两统交替即位意味着要回归镰仓时代末期的状态。

正因有这一条件，后龟山天皇才移交了三件神器，但足利义满似乎一开始就没有要遵守的意思。

革命前夜

1393 年，北朝后圆融上皇死去。他与足利义满同诞生于延文三年，并且正妻都是年长七岁，相似点很多。然而，后圆融天皇治下的朝廷权限一个接一个被剥夺，天皇家不知道将去向何处，简直是命运多舛。

压力日益积聚，1383 年，因为一个公卿也没有来父亲忌日的佛事，后圆融天皇大怒，砍伤了自己的妻子，怀疑妾室与足利义满私通，逼迫妾室出家，最后甚至闹出了自杀未遂事件。

足利义满木像（京都等持院藏）

足利义满在后圆融天皇生前克制着没有实施露骨的行动，但在其死后，足利义满接替并开始居于"治天"的地位，而不是由后小松天皇接替。

第一，他将自己从官制的束缚中解放出来。1394 年十二月，38 岁的足利义满辞去将军，就任太政大臣，仅半年就出家，取法名"道义"。任官太政大臣不过是为出家而布下的一步棋。足利义满的出家不仅谈不上从政界引退，他反而从以太政大臣为顶峰的律令制官制体系当中脱离出来，居于可以君临公家、武家双方的地位。

这样，足利义满就处于日本国内实质上地位最高、形式上也可与天皇相比肩的位置。不仅如此，足利义满还获得了参与曾因身为"陪臣"而被逐出的外交场合的条件。

第二是上级贵族的家臣化。1393 年以前有许多像关白二条良基这样追随足利义满的公家，到了这一时期，就更没有需要忌惮之事了。

1395 年举办踏歌节会这一朝廷仪式时，关白一条经嗣捧着足利义满衣裾。关白是足利义满的从属这一点公开地显露在人们眼前。此外，摄关阶层的二条满基、九条满教名字里的"满"字也是足利义满赐予的。武家社会中，主人赐予从属者自己名字中的一个字是惯例。同时，上级贵族们为感谢领受官职的拜贺奏庆之舞也不在天皇面前，而是在室町殿足利义满跟前举行。

168

第三，传统上有皇族或上级贵族的子弟进入主要寺院并占据重要地位的制度，即"门迹"制度，一直以来没有武家进入的门迹——山门（天台宗）著名的三门迹青莲院、三千院、妙法院，真言宗的仁和寺、大觉寺等——却接连接收了足利义满的子弟。这都是前所未有的事例，特别是武家进入仁和寺、大觉寺的事例是空前绝后的。①

穿着束带舞蹈的公卿（《春日权现验记绘》，东京国立博物馆藏）

① 门迹本义为皇族、贵族等出家并居住的特定寺院。与天台宗三门迹常有摄关家子弟进入不同，大觉寺、仁和寺一直以来被视作天皇家的寺院，在整个镰仓时代担任仁和寺寺主的非天皇家出身者仅有九条道家之子法助。

再者，足利义满创设了"回祈祷"这一武家独特的祭祀体系，招请比为天皇家祈祷地位更高的僧侣祈祷，并重视中国式的阴阳道祭祀，与朝廷传统祭祀对抗，诸如此类。

第四，足利义满获得了原来西园寺家的山庄北山第，在举行盛大的营造工程之后，于 1398 年移居至此，这一170 宅邸成了发挥国家政府机构职能的场所，在这里决定最高政策或举行最高祭祀。① 后文将提到的明朝国书拜受也是在北山第进行的。

第五，足利义满掌握着朝廷人事的决定权，这在国家制度中最为重要。

1396 年，关白一条经嗣在日记中写道："近日叙位除目之事，主上［后小松天皇］一切无御口入［不插嘴］。"此外，前一年的日记里一条经嗣写道：

---

① 近年来，学术界对北山第"回祈祷"、北山第都有了新认识，更倾向于认为"回祈祷"是足利义满的私人祈祷，并无对抗朝廷祭祀之意；北山第则主要是私人空间。在北山第举行明朝国书接受仪式，反而说明了这一仪式具有私密性。可以参考大田壮一郎『室町幕府の政治と宗教』（塙書房、2014 年）和橋本雄『中華幻想—唐物と外交の室町時代史』（勉誠出版、2011 年）。

头辩①广桥兼宣将大臣叙任的候补名单小折纸拿来了。这封折纸是室町殿［足利义满］给出的。一般说小折纸，首先应该是以敕笔［天皇亲笔］为基础，再由摄关誊写，但近年来省略了领受敕笔这一项，摄关立即就写出来了。这是室町殿的意思。

人事安排的草案由足利义满根据多人的意向整合写成，不经天皇之手，摄关直接整齐抄写。只有从天皇权限代行者摄关参与此事这一点还隐约可见天皇的影子，在以敕笔记录人事草案这一象征官职任命权的行为方面，天皇几乎被完全排除在外。贵族们为感谢官职任命去足利义满面前舞蹈，也是理所当然。

到这里为止，距离足利义满将天皇家从皇位上赶下来，将日本的王权收入手中，仅仅只有一步之遥。事实上，在 1399 年相国寺大塔供养等盛大仪式上，足利义满得到了上皇级别的礼遇；1406 年足利义满之妻日野康子成了后小松天皇的准母；1408 年足利义满的爱子足利义

171

---

① 藏人头、辩官。藏人头是直属天皇的机构藏人所的负责人，藏人又称职事，是天皇的亲随。辩官是太政官系统当中担负文书行政之职的左右大辩、中辩、少辩的统称。中世朝廷之中实务官僚常常兼任藏人和辩官，同时以天皇家职员和太政官的双重身份开展行政事务，这就是井原今朝男提出的"职事辩官政治"。

嗣以"准亲王"礼仪在宫禁之中举行元服仪式①。由此看来，足利义满自身做法皇，让足利义嗣做天皇的程序确实在一步步地实施着。

加入册封体制

1380 年第二次派往明的使节被拒绝以后，足利义满暂且搁置了与明通交一事，如上所述，着力于巩固国内体制。进入 15 世纪后，国内体制已经基本确定下来。

与此同时，明太祖晚年对外交持消极态度，特别是于 1386 年对日本宣告断交，在他 1398 年去世之后，皇长孙惠帝朱允炆即位，次年改年号为建文。

足利义满没有错过这个机会，于 1401 年派遣使节到明。中原康富的日记《康富记》中抄录了足利义满托使节带去的给建文帝的文书。

草菅相公秀长卿，清书前宫内卿行俊卿

日本准三后道义，上书大明皇帝陛下，日本国开辟以来，无不通聘问上邦。道义幸秉国钧，海内无虞，特遵往古之规法，而使肥富，相副祖阿，通好献

___

① 即成年礼。

方物（金千两、马十四、薄样千帖、扇百本、屏风三双、铠一领、筒丸一领、剑十腰、刀一柄、砚筥一合、同文台一个）。搜寻海岛漂寄者几许人还之，道义诚惶诚恐顿首顿首谨言。

应永八年五月十三日

"道义"是足利义满出家后的法名，其上冠有的"日本准三后"称号首先引人注目。足利义满尚未受明册封，所以不能自称"日本国王"。若使用日本的官名，他将重蹈覆辙。于是他选择了表示相当于天皇近亲地位的"准三后"一词，作为与明朝皇帝直接联络时也并不怪异的自称。

使节肥富在其他史料中被记作"筑紫商客"，应该是博多商人。祖阿应该是侍奉将军身旁、被称作"同朋众"的出家人士之一。此外，文书起草者是儒学者东坊城秀长，抄写者则是书法家世尊寺行俊。

与通常负责室町幕府外交事务的五山禅僧相比，以上四人是极为例外的人选。总之，因为是试图恢复5世纪"倭五王"以后中断的国家间外交，也就不必遵循先例或惯习。

"海岛漂寄者"其实是被倭寇掳来的人，前面已经讲过，将他们送还是"日本国王"的第一项要求。

173

建文帝接受此文书后，立即将足利义满册封为日本国
174　王。建文四年（1402）二月初六的建文帝诏书中有如下
内容：

> 朕自嗣大位，四夷君长朝献者以十百计。苟非
> 戾于大义，皆思以礼抚柔之。兹尔日本国王源道
> 义，心存王室，怀爱君之诚，逾越波涛，遣使来
> 朝，归逋流人，贡宝刀骏马甲胄纸砚，副以良金，
> 朕甚嘉焉。日本素称诗书之国，常在朕心。第军国
> 事殷，未暇存问。今王能慕礼义，且欲为国敌忾，
> 非笃于君臣之道，畴克臻兹。今遣使者道彝、一
> 如，班示大统历，俾奉正朔，赐锦绮二十匹，至可
> 领也。

画线部分叙述了前一年足利义满向明派遣使节一事。
"军国事殷，未暇存问"说的是太祖之子、建文帝叔父朱
175　棣以燕京（元时的大都，现在的北京）为根据地，窥伺
皇位，建文帝疲于应对。

建文帝打破太祖遗训，与日本建立外交关系，有与朱
棣对抗、将日本引为盟邦的军事意图。前一年六月建文帝
册封朝鲜王朝的国王应该是出于同样的考虑。

"欲为国敌忾"所述应该是足利义满的使节向建文帝

讲了军事援助的事。于是建文帝为了册封足利义满为日本国王，派遣天伦道彝、一庵一如二僧，颁赐大统历，与太祖对"良怀"所做的没什么两样。

1402 年九月五日，足利义满在北山第接受诏书。当时，他到门外迎接使僧。此外，他面对桌上放着的诏书烧香，三次行礼，跪地，缓缓阅读其中的文字。他采取了可以说是卑躬屈膝的态度①，应该是为了在众人环视之下展现保障其王权篡夺正当性的明的权威是多么高。

与其表面上的态度相反，足利义满冷静地观察了明的情况。明朝使节于次年二月十九日离开北山第回国之时，₁₇₆吉田兼熙在当天的日记中写下了很有趣的内容：

> 抑异朝之事，有种种之说，去年冬比有大变，当帝之叔父，致退治即位云云。但此条不知憺说，仍今度被下遣之御书，两通被用意之。

事实上前一年六月，也就是建文帝发布诏书四个月

---

① 近年来桥本雄等人根据仪式当场的史料，复原了仪式的场景，并指出，足利义满接受国书的仪式是在秘密情况下进行的，参与者仅有其亲信寥寥数人，连幕府重臣和负责外交事务的禅僧都未参加。并且，足利义满在仪式中的行为也不符合明朝礼仪，应该是有意为之，并非对明"卑躬屈膝"。此外，足利义满的"日本国王"称号也从未在日本国内使用过。

后，朱棣军攻克南京，建文帝自杀。[1] 这一事件被称作"靖难之役"。

朱棣当即即位，抹杀了建文帝的在位时间及其年号。就好像到这一时期太祖仍然在世一样，1402 年这年不是建文四年，而被改为洪武三十五年。次年年号改为永乐，朱棣因此也被叫作永乐帝（庙号成祖[2]）。

足利义满得到了对建文帝不利的情报，为了让使节到达明时无论哪一方获胜都不至于困扰，遂让他们带去了给建文帝的和给成祖的两封"御书"。《善邻国宝记》里记载的上表是给成祖的，给建文帝的表文不传。

> 日本国王〈臣〉源表。臣闻，太阳外天，无幽不烛；时雨沾地，无物不滋。矧大圣人，明并曜英，恩均天泽；万方向化，四海归仁。钦惟大明皇帝陛下，绍尧圣神，迈汤智勇。戡定弊乱，甚于建瓴。整顿乾坤，易于返掌。启中兴之洪业，当太平之昌期，虽垂旒深居北阙之尊，而皇威远畅东滨之外。是以谨使僧圭密、梵云、明空，通事徐本元，仰观清光，伏献方物。生马二十匹，硫磺一万斤，马脑[3]大小三十

---

① 建文帝在靖难之役中是自杀身亡还是逃离皇宫，至今仍有诸多争议。
② 最初的庙号是太宗，明世宗"大礼议之争"时改为明成祖。
③ 即玛瑙。

块计二百斤，金屏风三副，枪一千柄，太刀一百把，铠一领，匣砚一面并匣，扇一百把。为此谨具表闻。〈臣〉源。

年号　日　　　　日本国王〈臣〉源

太阳、时雨比喻皇帝的恩泽。尧是儒家所讲的古代圣天子，汤是商王朝的建立者汤王。"戡定弊乱""整顿乾坤"指在靖难之役中取胜。垂旒指冠的垂饰，是皇帝的象征。北阙指宫中。皇帝虽居深宫，其威力却远达"东滨之外"的日本。

前面是佶屈聱牙的奉承话，实质内容仅有"是以"之后记录使节的名字和贡品的部分。作者是五山文学的代表性作家绝海中津，正使坚中圭密以下的祥庵梵云、明空等人也是五山禅僧。

《善邻国宝记》说，坚中圭密周到地改为"贺新主之使"之名，让这封上表得以通过。这位坚中圭密是 15 世纪初四次担任遣明使的外交老手，并获得了名义上的天龙寺住持的头衔。此后，幕府和各大名的外交都由禅僧负责。

永乐元年（1403）十一月，明成祖向足利义满发布"制"。其文中有"尔日本国王源道义，知天之道，达理〔或应为'地'〕之义。朕登大宝，即来朝贡。归乡之速，

178

有足褒嘉。用锡印章，世守尔服"。足利义满让使节携带两封上表的深谋远虑巧妙地达成了目的。

179 　　印章是刻有"日本国王之印"六字的金印，附有龟形之钮，光彩照人，据说重得双手也很难拿起。[1] 皇帝授予国王印章和冠服，与颁布历法一样，是明示册封成立的行为。

　　次年明成祖册封朝鲜国王，这样，东亚三国终于形成了安定的外部关系。这样的关系一直维系到 16 世纪中叶。

　　外部关系的安定使得国家间新的经济关系得以形成。明在 1403 年发布成祖之制的同时，还赐给日本国王 100 道永乐勘合。此后，日本到明的每艘船有义务要一道携带勘合符。这种制度使得日本国王完全掌握并管理中日贸易。

　　勘合贸易由此开始了，最初的勘合船于 1404 年入明。话虽如此，贸易终究是外交使节的附属，这次的遣明船由幕府预备，正使是禅僧明室梵亮。

革命的挫折

180 　　1408 年四月二十五日，足利义满按照"准亲王"的

---

① 该金印后于战乱中遗失，现在只有印盒和一个仿造的木印保存下来，收藏于山口县防府市毛利博物馆。木印的印面为方 10.1 厘米的正方形，刻有"日本国王之印"六字，三列，每列两字。

规格举行了爱子足利义嗣的元服礼，得意至极。仅三天后，足利义满突然发病，五月六日就遗憾地离世了，享年五十一岁。据说是因为呼吸道传染病。

八日，朝廷决定赠予已故的足利义满"太上天皇"尊号。关于这次赐予尊号尚存异议，但正如可信的记录所记载的那样，相国寺的过去帐记为"鹿苑院太上天皇"，临川寺的牌位有"鹿苑院太上法皇"的字样（鹿苑院是相国寺内建有安置足利义满遗骨的墓塔的寺院，足利义满死后也一般被称作鹿苑院）。

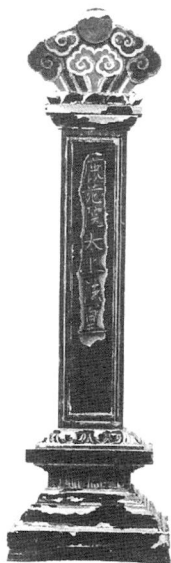

足利义满牌位（京都临川寺藏）

181　　　然而，在以老臣斯波义将为核心进行商议之后，幕府于九日谢绝了朝廷赐予的尊号。一方面，朝廷上层存在以足利义满的王权篡夺为既定路线的人；另一方面，幕府内部对足利义满的篡夺计划持批判态度的人也很多。

　　　因足利义满突然死去，反对篡夺计划的势力蓄势待发，计划遂土崩瓦解。处于焦点的人是第四代将军足利义持。足利义持于1394年从足利义满处继承将军之职，名义上居于幕府顶点，但因父亲偏爱其弟义嗣，足利义持的存在感越发减弱，逐渐对父亲产生了怨恨。父亲死后，足利义持接连实施了推翻其父路线的行动。谢绝尊号也是如此，但最重要的是，他切断了足利义满苦心经营的日明关系。

182　　　通报足利义满突然死去消息的使者以世子义持的名义被派出，1409年成祖的吊唁使回应日方，来到日本。次年，足利义持向明派遣了对吊唁的谢恩使，之后明的答使王进于1411年到达日本，当时，足利义持不许其入京，将其从兵库逐回。此后，明朝使节反复被驱逐，到足利义持死后足利义教重派遣明使之前，日本与明的外交都处于断绝状态。

　　　足利义持的上述行动不能只归因于他对父亲的憎恶这一个人动机。在足利义满生前因害怕触其逆鳞而不敢表露的对篡夺路线的不满，从朝廷和幕府之中喷涌而出。与明

足利义持像（京都神护寺藏）

关系方面，足利义满在 1403 年奉明朝皇帝表中对其称臣，责难接踵而至。瑞溪周凤在《善邻国宝记》当中这样说：

（1）彼国以吾国将相为王，盖推尊之义，不必厌之。今表中自称王，则此用彼国之封也，无乃不可乎？

（2）又用臣字非也。不得已，则日本国之下，如常当书官位。其下氏与讳之间，书朝臣二字可乎？

183

盖此方公卿恒例，则臣字，属于吾皇而已，可以避臣于外国之嫌也。

（3）又近时遣大明表末，书彼国年号。或非乎？吾国年号，多载于《唐书》《玉海》等书，彼方博物君子，当知此国自中古别有年号。然则义当用此国年号，不然，总不书年号，惟书甲子乎？

瑞溪周凤有起草对明的外交文书的经验，以此为契机，他于1470年编写了日本最早的外交史书《善邻国宝记》。他是离幕府外交场合最近的外交通禅僧。连这样的瑞溪周凤也对足利义满怀有批判之意，可以想见，统治阶层的多数人也持有同样的想法。

184　　　然而，如果依照如上意见，将上表送到明的话会怎样？各国与明缔结外交关系的前提是各国国王接受明朝皇帝册封，除此以外没有选择的余地。像（1）那样不称王，（2）那样使用明确表示不是明朝皇帝臣下的称呼的话，明朝皇帝就会认为这是超越了陪臣之本分的文书，不将其认定为表。（3）中的年号使用方式则不能说是接受册封的证据。足利义满已失败两次，熟知以上事宜。

另外，瑞溪周凤还在评论后接着记载："近者大将军为利国，故窃通书信。"足利义教以后的将军们自称"日本国王"，与明交往，重新使用足利义满的方式，但其目的是获得贸易之利，是以贸易之利为饵操控各大名和贸易商人。

接受皇帝册封日本国王的形式，是为了开展贸易的万不得已的隐忍之策，可以的话尽可能不要在国内公之于众，这应该是其本意。请注意瑞溪周凤的"窃"这一用字。在这一时期，日本国王不过是为了行使与明贸易权的头衔而已。

此外，足利义满因为囿于贸易之利而丧失理智，开启了屈辱外交，所以被认为是应钉在耻辱柱上的人物，受到了近代历史学家们的口诛笔伐。即便是更为公正地对待历史的学者，也将足利义满时代的对外关系总括为勘合贸易第一时期，教科书中也如此记述。

但对阅读到此的读者们来说，这种偏重经济主义的解释就不攻自破了。对足利义满来说，接受明的册封是在国内完成王权篡夺计划时获得的来自至上权威的后盾支持；在对外关系方面，他意在摆脱自 9 世纪以后的传统孤立主义（参考第一章），意图在东亚国际社会中正式获取"日本国王"的地位。①

---

① 关于足利义满是否"篡夺王权"，是否有借助明的权威提升自身地位，以及足利义持与明断交的缘由，近年来有了不同的看法。关于前两点，村井章介在后来的著作中也逐渐放弃了这一观点，请参考本书最后的榎本涉解说。

　　然而，即便是足利义满，也完全没有在国内使用明朝年号或大统历的痕迹。"日本国王"称号在国际社会通用，但在国内"国王"并未被视作取代天皇的日本统治者。即便他能长命下去，篡夺计划能成为现实，从那股"逆流"的根深蒂固的程度来看，篡夺恐怕也不能延续至子子孙孙。

第六章

中世的倭人们

从国王使节到海盗大将

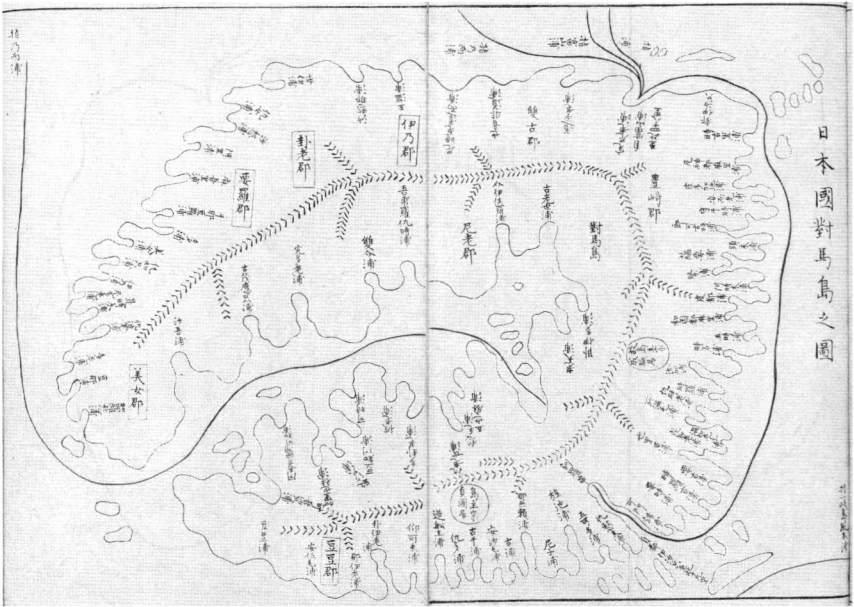

朝鲜制作的 15 世纪对马图（出自《海东诸国纪》，东京大学史料编纂所藏）

朝贡贸易

15 世纪初，明成祖册封日本、朝鲜国王，东亚三国 188
安定的关系形成了。在这一关系当中能与明结成正式关系
的只能是依据"人臣无外交"原则的日本、朝鲜的国王。

但在日本与朝鲜关系方面，这一逻辑就不一定能贯彻
了。虽然不存在不以朝鲜国王之名义访问日本的使节，但
事实上日本方面各种各样的势力都在向朝鲜派遣使节。

1471 年朝鲜高官①申叔舟所著《海东诸国纪》这一
"中世日本旅游指南"中记载了与朝鲜通交者的名单。其
中，不仅有国王室町殿，还有管领以下大内、大友、少
贰、宗氏等守护大名，对马、壹岐、松浦地区的中小武
士，以及博多商人和僧侣，最后还记载了自称"海盗大
将"者。这里只举自称"海盗大将"或"海盗大将军"
的人为例。

　　备后国桄原左马助源吉安、安艺国藤原朝臣村上 189
　　备中守国重、周防国太畠［今山口县柳井市大畠］
　　源朝臣艺秀、伊予国镰田［今爱媛县上岛町弓削镰

---

① 时任领议政兼礼曹判书。

田］关源贞义、出云国留［今岛根县出云市大社町
宇龙］关藤原朝臣义忠、丰前国蓑岛［今福冈县行
桥市］玉野井藤原朝臣邦吉。

　　这些人虽说是"海盗大将"，但也是日本国内名门武
士，可知是以濑户内海或日本海的港口为根据地开展海上
往来的人。以"水军"一词来考虑的话就比较容易理解。
后文将提到，其中的村上国重获得了"图书"① 之印，以
及每年向朝鲜派遣船只一次的权利。

　　即便是日本国王以外之人派出的使节，只要不进行海
盗活动，朝鲜方面就会尽可能地接受，但采取了让在国家
范围周边居住的夷狄向朝鲜朝贡的形式。在这种情况下，
使者携带正式外交文书"书契"和当地出产"土物"到
朝鲜，获得朝鲜国王或国家机关的回信，及朝贡所获的赏
赐品"回赐"回国。

　　朝贡，指在国王与周边蛮夷缔结政治关系的同时，也
伴随着"土物"与"回赐"的交换贸易。在被称作"朝
贡贸易"的贸易形式中，接受朝贡的一方为了夸饰自己国
家的伟大，按惯例要赠予远超"土物"价值的"回赐"。

190

---

① 　与官印相对的私人印章。日朝通交中的"图书"为铜印，印面刻
　　有受图书人的名字，是通交的凭证。

换言之，朝贡贸易绝不是近代贸易那种依照供需关系决定交易价格的贸易，而是以朝贡方和接受方的政治关系来决定贸易内容为特征。

那么，15世纪室町时代的日朝关系之中，朝鲜和日本方面处于怎样的政治关系？日本向朝鲜派遣的通交者为何会具有如此多种多样的要素？此外，朝鲜为什么一定要结成这种违背东亚国际社会"人臣无外交"原则的关系？

从倭寇到倭人

解开这个疑问的关键是倭寇。建国伊始，明就头痛于倭寇的问题，而此时的朝鲜半岛处于更为严重的状态。从1350年开始，倭寇的次数和规模迅速增加和扩大。后来朝鲜取这一年的干支，形成了一个惯用语："庚寅以来之倭贼"。

1375年，高丽一方筹划偷袭一个叫经光的倭寇头领，结果计划泄露了。据《高丽史》，以此为开端，倭寇将女人和孩童一律屠杀，朝鲜半岛西南部海岸地带"萧然一空"，人烟断绝。

不堪忍受的高丽政府试图从两个方向来解决倭寇问题。

191

第一是与日本一方的外交交涉。1367 年，高丽首次派遣使节①，要求室町幕府禁止倭寇，直到倭寇活动达到顶峰的 1370 年代后期，共派遣了五次使节。在此期间，高丽认识到与其依靠幕府，不如以今川了俊或大内义弘为交涉对象，因为这些西国大名具有某种程度上控制倭寇活动的能力。

第二是以军事手段封锁倭寇。一般说倭寇是造成高丽灭亡的原因之一，但这只是流俗的说法。到了 1380 年代，192 高丽一方整合了与倭寇对抗的军事实力，倭寇屡遭惨败。倭寇势头可见显著消退。而且，在与倭寇的交战中获得战功、在高丽政府内逐渐成长起来的就是朝鲜王朝的建立者李成桂。

1392 年，李成桂逼迫高丽恭让王退位，建立新王朝。深知倭寇本质的李成桂积极与对倭寇具有影响力的西日本地方势力联系，同时对倭寇开展怀柔之策，诱之以利，防止其开展海盗活动。

他的方法有允许投降的倭寇在国内居住，或者给予其朝鲜王朝名义上的官职，使其成为臣下等，但最有效的是接受倭寇作为日本各势力的代表者，通过他们开展和平外

---

① 1367 年高丽向日本遣使，室町幕府将军足利义诠令禅僧春屋妙葩代替自己回信。这是室町幕府与朝鲜半岛中央政权的首次通使。

交这一策略。

就这样，以"朝贡贸易"的形式，15世纪的日本与朝鲜之间人员往来的频繁程度前所未有。在日朝贸易之中，如前所述，从日本来的通交者能够获得暴利，因此带着各种各样名义的使节从日本蜂拥而至。无可奈何之下，朝鲜一方开始考虑对从日本而来的通交设定限制，加以规范化。方法多种多样，主要有三种。

第一，排斥单纯以商业为目的的船只，限定为日本特193定势力派遣的使节的船只。使节须携带盖有刻着派遣者名字印章的正式文书，以作为证明手段。这种印章叫作"图书"，文书称作"书契"。

第二，委任对马宗氏审核派往朝鲜的船只。在朝鲜入港的船只，有义务携带宗氏发行的渡海证明。这种证明被称作"文引"或"路引"。

第三，将倭人船只入港地限定为庆尚道的荠浦、富山浦、盐浦三处。荠浦就是现在的镇海市荠德洞，富山浦就是釜山，盐浦就是蔚山市盐浦洞，三处合称三浦。

从以上制度可知，15世纪日本和朝鲜之间的内外关系极为模糊，富于流动性。

第一，"图书"是朝鲜赠予的印章，这意味着将接受者纳入朝廷的秩序体系。更为直接的是，朝鲜方面向日本的通交者赐予了朝鲜官职，此时会发布称作"告身"的辞

194　令。告身是长一米左右的大幅文书，赐予对马武士的告身约有十件尚存。

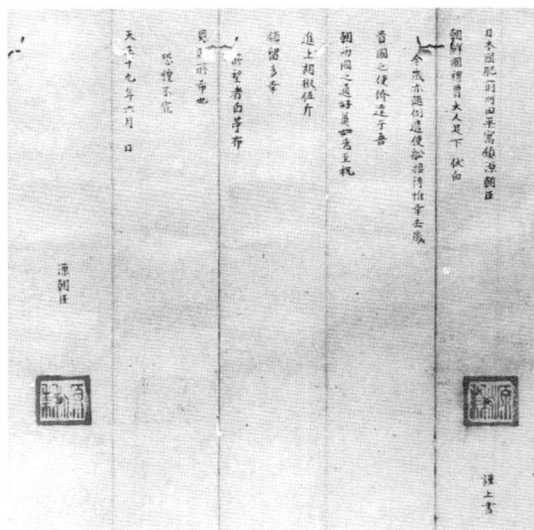

田平源兼的"书契"和"图书"（个人藏）

195　　第二，文引制度将朝鲜国家的入境管理职权委任给对马宗氏。换言之，对马被视为朝鲜国家权力机构的末端。

　　第三，三浦原本只是接受倭人的港口，渐渐地倭人（特别是对马人）在此居住，三浦开始具有倭人聚居地的性质，成了朝鲜方面也无法轻易介入的空间。也就是说，三浦是侵入朝鲜这个异国空间的日本中世社会。

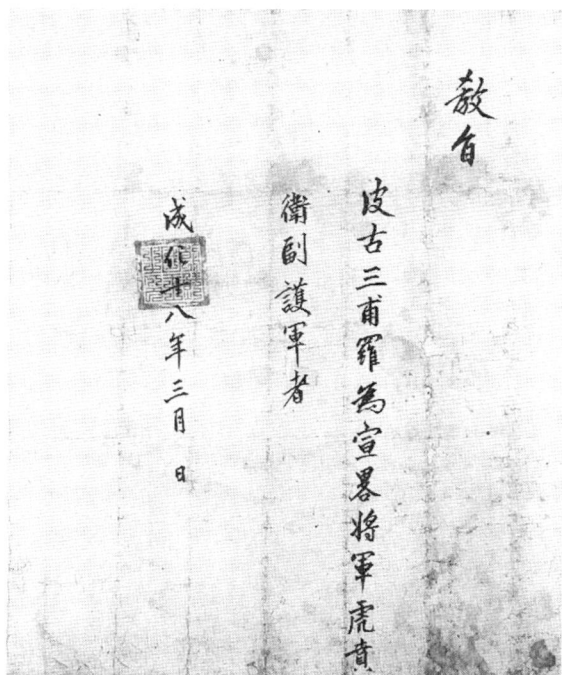

对马早田文书的告身（『対馬と韓国の文化交
流史展』，个人藏）

倭服、倭语

日本与朝鲜之间内外关系的模糊给这一境界地区带来 196
了独特的性质，导致这里最终成了带有境界性质的人们所
生活的场所。从这一观点来看，倭人的"倭"这个字很

引人注目。首先来看《朝鲜王朝实录》1477 年条①。

> 济州流移人民，多寓于晋州、泗川地面，不载户
> 籍，出没海中，学为倭人言语衣服，侵掠采海人民。

《朝鲜王朝实录》其他条文中写道，济州岛捕捞鲍鱼
者"冒充倭服、倭语"，也可知连一般民众也投身于此集
197 团。虽然不是朝鲜人投身倭人集团本身，但既然他们学习
"倭语"，将他们的行动解释为他们把海盗之罪嫁祸到倭
人头上就是不充分的。果然还是应该认为他们与倭人之间
存在某种归属感。这无疑是因为济州岛这一场域位于朝鲜
王朝范围的境界部分，与"倭"的要素相互混杂。

甚至可以说，也必须舍弃"倭人"即"日本人"这
一常识。譬如，1441 年有一个自称"沙伊文仇罗"（左卫
门九郎）的倭人请求成为朝鲜国民，但事实上此人父母
都是朝鲜人。1430 年在盐浦出现的倭人"而罗三甫罗"
（次郎三郎），"本我国人，尝被掳于倭，今愿居盐浦倭馆
近处，捕鱼以生"。

以上二人虽然是以日本式的名字自称，被记录为倭
人，但其显然是朝鲜人。总之，倭人指由对马等地前来交

---

① 原文如此。实为《成宗实录》成宗十三年（1482）闰八月戊寅条。

易的海民，从民族上看既可能是日本人，也可能是朝鲜人
或日朝混血。我们可以知道，济州岛和对马岛是民族出身
并非最重要问题的境界场所。

以上事实也可以从朝鲜一方明确区别使用"倭"与 198
"日本"两词的情况中得到印证。1510 年的庆尚道观察使
报告说，一个叫"而罗多罗"（次郎太郎）的倭人"非日
本倭人，娶妻于茅浦，而恒居焉，能解我国言语"，这里与
"日本倭人"相反的就是"对马倭人"。

换言之，倭人这个词在广义上是指日本列岛的全
部——但在朝鲜人想法中似乎指代九州——住民，此外还
有指代对马人的狭义用法。另外也有这样的史料：

> 加延助机①，倭之别种名，散处博多等岛，常载
> 妻子于船中，以海贼为事。面黑发黄，言语服饰，异
> 于诸倭，能射又善用剑，潜入水底凿船，尤其所长。

头发的颜色容易引起误解，应该是因太阳或海风灼 199
伤变成黄色。在朝鲜人眼中，以船为家、从事海盗活动
的海民是与诸倭（一般的倭人）风俗习惯迥异的"倭之
别种"。

---

① 读音同日语中的"海贼"。

通过以上事例，"倭"这个字的某个侧面浮现出来。对于以日本与朝鲜之间的海域为生活场所的人们来说，倭服是共通的着装，倭语是共通的语言。他们通过穿倭服，讲倭语，从所属的国家或民族集团当中脱离出来，变身为所谓的自由民（不过他们本身是否有这样的归属意识还值得怀疑）。

在这样的场域之中，倭人究竟是日本人、朝鲜人或者哪国人，我认为这样的问题没有意义。这是因为他们的本质是超越了国籍或民族之人的集团。

境界人

在民俗学中，生活在对于多个中心而言都处于边境的场所，也就是在境界生活的人类类型被称作"境界人"（marginal man，marginal 即边缘之义）。无论从哪个中心来看，他们都是外邦人，然而他们具备在中心与中心之间斡旋的特征。15 世纪以日本与朝鲜之间为生活场所的倭人们，可以说是能称为境界人典型的人群。

15 世纪末，庆尚道金海有 600 余户的大规模海民聚落，被组织为国家的水军。他们不以农业为生，以船为家，出入海洋，具有高超的驾船技巧，可以说与岛夷无异。岛夷是指代对马人的词语，可以看到，朝鲜半岛南岸的海民与对马岛民具有共通性。

此外，这片海域中还能看见中国人的身影。1486 年作为对马岛国分寺住持使节访问朝鲜的人中，有一个叫潜岩的人，若按照刚才的考察，他也可以被称作"倭人"。他出生在中国，10 岁时被"贼倭"平茂续等人掳到对马，成为美女郡五郎左卫门的家奴，后来移居国分寺。　　201

他为了找寻回国之路，遂担任使节，但因为年少被掳，他对父亲的职业和居住地全无记忆，且只能听懂倭语，完全不会汉语。朝鲜政府对于应当在多大程度上相信他的话十分困惑，既没有让他回对马，也没有送他回明，而是在都城汉城附近赐予他家宅和田地，让他居住。

此外有趣的是，这里作为"贼倭"出场的平茂续是著名的对马海商早田六郎次郎之子，但他母亲出生在庆尚南道高灵县，是高丽时代末期被掳到对马的女性。换言之，从民族来说，平茂续是日朝混血。

再者《朝鲜王朝实录》1477 年条还有这样的记载：

> ［庆尚］道内泗川、固城、晋州地面，济州"豆秃也只"称名人，初将二三船出来，今转为三十二支，依岸为庐，衣服混于倭人，言语非倭非汉。船体视倭尤牢实，而迅疾则过之，恒以钓鱼采藿为业。郡县亦不能役，近处居民皆以为掠我国人者疑是此徒。　　202

济州岛不只是日本与朝鲜的边缘场所，还是连接朝鲜、日本、中国航路的岛屿。这些海民所讲的语言既不是朝鲜语，也不是倭语和汉语，的确就是境界语。

催生境界人的动向就此带来了日朝之间"跨国界地区"多民族杂居的状态。早在 15 世纪初，朝鲜中央官署司谏院就曾向国王提交意见书："然倭奴者，性狠情恶，世为寇盗，百姓之仇也。今与吾民，杂处州郡，以至受职宿卫阙廷，甚为未便。"

此后大约一个世纪，在庆尚道的熊川，倭人在近处的荠浦居住已久，毫无忌惮地出入熊川，与朝鲜人呈现杂居状态。结果，附近流民们为了获得生活食粮将子女卖给倭人，或者熊川居民将附近居民卖给倭人，弊端丛生。此外，在称得上倭人活动根据地的对马，也出现了朝鲜人或中国人被掳而来，民族杂居、混血儿出生的状况。

女真人与倭人

那么，国家如何对待边缘的人群或地区？在朝鲜人眼中，与倭人常常成对出现的是从朝鲜半岛最北部来到中国东北地区的女真族。

朝鲜王朝纯粹地信奉朱子学，因而其华夷思想比中国还要强烈。正如"野人与犬羊无异""岛夷不可以称为人"等所表现的一样，对朝鲜王朝的统治者而言，女真人与倭人无异于人类以下的禽兽。

此外，在1468年呈给朝鲜国王的某意见书中，朝鲜处于小中华的位置之上，四夷——北方的女真人，东方的日本，南方的三岛（对马、壹岐、松浦），西方的琉球——则竞相来贡。需要注意的是，倭人活动的舞台——三岛与日本是被区别对待的。

元日的仪式成了再次确认华夷思想的场所。譬如 204 1429年元日，国王世宗穿着冕服（明朝皇帝下赐的国王礼服），率世子（下任国王预定人选）及文武群臣举行望阙礼（遥拜明皇宫的仪式）后，换上浅红丝袍接受朝贺。冕服与望阙礼具有彰显朝鲜国王是与以明朝皇帝为中心的中华世界直接相连的效果。

但换衣之后的朝贺显示了国王不仅是朝鲜国内的主君，而且是君临包含独自的"夷"在内的华夷秩序的主君。因此当场需要有倭人、女真人、归化的伊斯兰教徒同列。此后，元日朝贺中倭人、女真人位列东西成为惯例。

倭人与女真人之中都有以丰厚回赐为目标、纷纷来到朝鲜的通交者。与倭人的居住地"三浦"相对，女真人则有"五镇"。五镇是世宗时期在咸镜道东北部图们江沿岸设置的五个城邑——庆源、会宁、钟城、稳城、庆兴的总称。

205　　这些城邑原本是在与女真人对峙的边境设置的军事基地，但和女真人关系安定以后，这些地方成了往来交易的场所，最终其城墙以外出现了女真人的居留地。女真人的目的当然与倭人一样，即通过朝贡贸易获利。

明朝人所绘的女真人和倭人（《万宝全书》，内阁文库藏）

　　总结一下上述的内容。朝鲜将在边境为生的女真人、倭人这样的境界人置于"夷"的位置，把他们编入"华夷秩序"之中，而实现的手段就是朝贡贸易。

　　为了把这种对倭人的政策具体化，以垂范后世，1471年，日本通高官申叔舟写作了《海东诸国纪》一书。这本书的主要目的是显示应以何标准应对日本或倭人的使者，以何典范进行接待，作为前提，此书也大量记录了日本的历史、地理、风土等知识。从这层意义上讲，此书是显示 15 世纪朝鲜对日本认知水平的书。

206

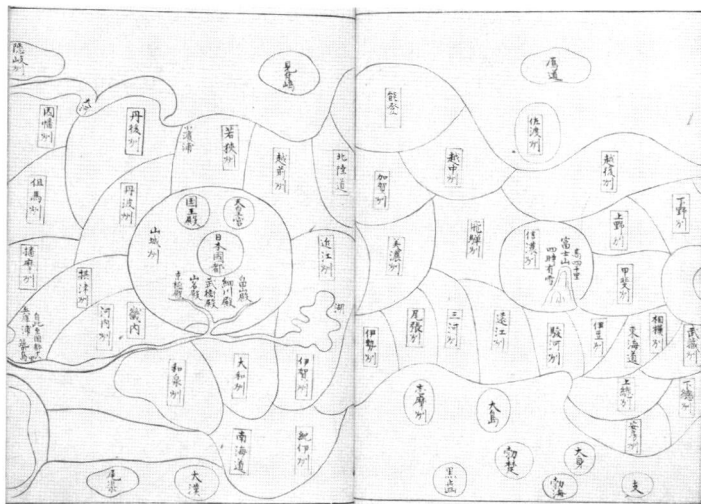

《日本本国之图》（出自《海东诸国纪》，东京大学史料编纂所藏）

能够与此书匹敌的认识朝鲜的书，在中世日本最终也没有出现，即使比起到访日本的朝鲜人，到访朝鲜的日本人要多得多。倭人们的视线锁定在获取最大的贸易利润，似乎并未迈向认知对手实情的方向。

此外需要注意的是，关于女真人，朝鲜也试图制作同

207

样的书籍。1499 年出现了"仿效《海东诸国纪》，编写一部记载女真人道路远近、风土、王的谱系、接待标准等的书籍"的提案。① 据说此事得以实行，五年后奉命印刷了《西国诸藩记》，但遗憾的是没有存世。

济州岛与对马岛

我们讨论了与倭人相对的女真人，另一个需要注意的成对关系是对马岛和济州岛的组合。

1409 年（司谏院）给朝鲜国王的意见书中说："近年以来，全罗军资，赈济济州；庆尚军资，优给倭奴，二道仓库，几乎虚竭，甚可虑也。"可以看到，对朝鲜来说，济州岛和对马岛具有同样的边境的性质。甚至可以认为，存在全罗道 – 济州、庆尚道 – 对马这样的关联。

208　　这样的配对之所以成为可能，有两个理由。第一，济州岛与对马同为倭人活动的主要场所。1430 年，在济州岛被捕获的倭人哪怕是不配刀者也应处以死刑，对此兵曹（担任军事职能的中央机构）以"济州是倭人行商等日常

---

① 1499 年承旨郑眉寿启："《海东诸国纪》申叔舟所撰也。日本国道路远近，风土族系，接待等事，备悉图画，并序以文，故凡接待之礼，国家赖之。北方野人之地，则虽镇帅相继出入，皆武人，未知族系、风土等事。独李克均、李季仝知之，请依《海东诸国纪》例，纂辑何如？"（《燕山君日记》弘治十二年一月十九日条）

活动的场所"为由表示反对。

第二，济州岛与对马或北方边境一样，都是夷狄之地。如第四章所述，济州岛于 1274 年到 1294 年为元直辖。元在此岛驻军，经营大规模牧场。蒙古人的残余势力直到朝鲜王朝时期仍有留存。明太祖曾说："耽罗［济州岛的古名］本鞑靼人，不知君臣之分，只以牧羊为业。"朝鲜王朝建立以后，武人而非文人被派遣担任济州牧使（地方长官）。这里也能看到以武力控制夷狄的意图。

意欲叛国之人也有将对马与济州岛视作相似之地的想法。据说全罗道南部乐安、顺天、玉山等的人们在周边的多岛海实施海盗活动之时，或伪装成倭人，或伪装成济州人。"倭服、倭语"一节中提及的"倭"的脱离体制性质，"济州"也有共通之处。

然而，从国家领土的观点来看，对马是日本的，济州岛属于朝鲜，这一区别也能够被认识到。1478 年，因为倭船停泊在济州岛海岸，朝廷从汉城派遣了通晓倭语的翻译，听闻此事后，一个叫梁诚之的高官表达了有意思的意见：

> 济州与对马诸岛同处海上，东西相望，言语各异，犹云可也。若相通言语，则是犹教猱升木，他日之变，不可以笔之于文字间也。况近日亦多有可疑之

209

迹。待之得其宜，则虽无译语，固无不可，苟不得其宜，则有译反有害矣。计今通事之行尚未达彼，须急驰驱，勒还其人。

对马和济州岛是模糊而危险的境界地区，这里的"跨国界地区"有出现以倭语为共同语言的可能性。我们可以知道，朝鲜王朝敏锐地感知了这一点。但如前所述，此地区出现了以倭语为一种共同语言的苗头。但在梁诚之丰富的想象力都不能企及之处，济州岛的猿猴们似乎已经相当了解"升木"之术了。

对马岛隶属庆尚道

接下来，我们来介绍一个对日本国家而言也能显示出境界地区有警戒之必要的例子。

1419 年，朝鲜为根本地解决倭寇问题，以 17000 人的兵力攻击对马岛。这一事件在日本被叫作"应永外寇"，在朝鲜被称作"己亥东征"。朝鲜军的军事行动很快结束了，但对马和朝鲜暂时关系断绝。对以同朝鲜贸易为生的对马人而言，这是非常令人困扰的事态。

当时，一个名叫"时应界都"（或名辛戒道）的对马人作为宗都都熊丸（后来的宗贞盛）的使者赴朝鲜，提

出这样的建议："若将我岛依贵国境内州郡之例，定为州 211
名，赐以印信，则当效臣节，唯命是从。"

国王世宗接受此提案，认定对马隶属庆尚道，命令对马上呈国王的报告必须通过庆尚道观察使（行政长官），并给对马送去了刻有"宗氏都都熊丸"字样的印章。这意味着对马成为朝鲜国王政治统治所及的朝鲜领土。

然而此后，其他奉宗都都熊丸之命的使者来到朝鲜，强烈抗议说："辛戒道所言我等全不知晓。对马属于庆尚道一说，纵然翻遍史书，问遍长老，也完全没有根据。"朝鲜一方则说道："此事清楚记载于古籍，庆尚道的管辖也是应了对马一方的请求，并不是以扩张领土为目标。"但使者并不接受，最终说道："对马是日本的边境地区，进攻对马即进攻日本本土。"

在这一事件中，朝鲜一方为对马一方的强硬申辩折服，最终认定对马如之前一样为日本所属。但朝鲜一方对这个结果并未真心认同。后来编纂的官修地志《新增东 212国舆地胜览》将对马与釜山浦等一道列入庆尚道东莱县一项，解释道"即日本国对马州也，本隶我鸡林〔庆州雅名〕，未知何时成倭人所据"。将对马视作与日本不同的独特地区的看法，倒不如说是朝鲜一方的常识。

从时应界都的提案可以知晓，倭人一方也有持这种看法之人。他显然伪称了宗氏使者，不过是参与对马与朝鲜贸易之人，可能是代表不同于宗氏立场者。对他们来说，比起对马属于日本还是属于朝鲜这样的事情，维持与朝鲜半岛的贸易更为重要。

甚至到了 15 世纪中叶，从大内氏这样的西国大名口中讲出了同样的话："对马本为朝鲜之地，我起兵讨之，朝鲜呼应夹击，（事成之后）可将其作为贵国牧马之地。"

当时大内氏的家主是大内教弘，被室町幕府任命为筑前国守护，将宿敌少贰教赖驱逐到了对马。对马的宗氏出自少贰氏的被官（家臣），因此少贰教赖便逃到对马，投靠宗贞盛。可见大内教弘的这一发言是出于在与少贰教赖、宗贞盛对抗之际确保有利地位的政治意图。

因而朝鲜方面也不是听了这种发言就会欣喜这么单纯。倒不如说，大内氏若战胜少贰教赖、宗贞盛，被穷追的败者就必定会沦落为海盗，在各地活动。加之对马岛为日本一隅，多有可成为保护朝鲜的人。若败于大内氏，如"唇亡齿寒"之古训，不知将发生怎样的灾变……朝鲜一方如此考虑，因此无视了大内教弘的提议，选择维持现状。

宗氏"对马是日本的边境地区，进攻对马即进攻日本本土"的发言，建立在岛主作为对马国守护与中央幕府相连，因而可以代表日本国这一立场之上。这与现代人的常识一致，但绝不是中世人的常识。对马岛内的反宗氏

势力当然如此，甚至连守护大名大内氏也不具有这样的
看法。

民众的分裂

"跨国界地区"是在国家间的激烈斗争之中形成的，   214
因此导致了民众之中发生分裂。民众的一部分与倭人一道
成了海盗。

1556 年，倭人来到釜山浦，名义上归还了一名朝鲜
人，实为孩童一名。接到当地报告，汉城方面派遣通事前
来，询问之后得知此孩童已仅能说倭语。听闻此事后的人
这样陈述其感想：

> 沿海鲍作干等，困于边将之侵渔，投入于倭，以
> 为息肩之地云。若然则我国之人，将长子孙于彼倭
> 矣。其儿童之但解倭语，无足怪也。

有的人比起服从朝鲜王朝对边境的统治，反倒投身倭   215
人集团，以谋求安乐营生。

此外，迫近文禄之役的 1587 年春天，全罗南道损竹
岛发生倭寇事件，一个叫金介同的朝鲜水兵被倭寇俘虏。
他经五岛、南蕃国（可能是吕宋）、北京，于次年十一月

回国，向政府汇报了损竹岛倭寇阵营中一个叫沙火同的朝鲜人的事情。

根据他的汇报，沙火同是全罗南道珍岛人，最初作为倭寇的俘虏被掳到五岛，后为倭寇极尽忠节。沙火同说："朝鲜则赋役甚苦，大小全鳆，无限征出。[与之相比五岛]风俗人心甚好……人居稠密，若一大州。"因此沙火同为五岛倭人做向导，在朝鲜半岛南边进行海盗活动，在此与金介同遭遇。

本来海民与山民并非都选择与倭寇同道。1421年，庆尚右道水军都安抚使为防备出没海上的倭寇，募集附近郡县的"侍卫牌、才人、禾尺"。侍卫牌不明，才人、禾尺是以柳器制作等山上工作以及人偶戏等曲艺谋生的漂泊山民。

此外，1492年，关于济州岛海民"头无岳"（与前述豆秃也只相同）有这样的提案："此辈善操舟，若用之以当倭贼，诚为有益。"可见，山海之民既有与倭寇同道者，又有被动员清剿倭寇者。他们也因国家而卷入矛盾和分裂。

然而正是对众多农民来说，"跨国界地区"的出现是令人难以忍受的痛苦之源。贪图利益、不甘落于人后的倭人一下船就向朝鲜人索取物品和服务，杀伤所过州县的人民，掠夺其钱财，肆意妄为，荼毒百姓。

尤其成为负担的是搬运倭人所带来的货物的劳动。倭人从三浦前往汉城途中，"倭人上京道路"沿途的居民，无论

是百姓还是官吏，都被无偿差遣。倭人接连不断地运来大量
货物，货品接连阻塞于道路。不只是成年男子，连妻儿也承
受运输之苦，无法承担重量的牛也扑通扑通地倒下。"若没
有倭人，人马至少也能休息片刻吧。"百姓口中如此哀叹。

217

三浦之乱后的"日本国王使"

如前所述，15 世纪倭人与朝鲜的交往虽然有种种矛
盾，却仍呈现盛况。1510 年爆发的倭人暴动——"三浦
之乱"为其画上了句号。

事件发生的导火索是釜山浦佥使实施的严格入港限
制，但此事有复杂的背景。首先，试图在朝贡贸易中获得
最大利益的倭人蛮横无理，接受倭人要求的朝鲜一方财政
负担过大。此外，朝鲜民众的动向也是重要的因素，他们
或承受搬运倭物之苦，或通过与倭人的秘密贸易获利。

武装暴动获得了对马宗氏援军的支援，在荠浦、釜山
浦爆发，首战中釜山浦佥使即被杀害，倭人起初多少处于
优势，但很快就因朝鲜正规军的反击而失败。当然，倭人
们不能再居住在三浦，不得不撤回对马。

218

虽说是自作自受，但与朝鲜处于断交状态的对马很快
就向朝鲜派出了使节，以谋求恢复关系。1512 年交涉结
束，对马与朝鲜的关系恢复，但朝鲜一方认可的通交规模

219

15 世纪的釜山浦（出自《海东诸国纪》，东京大学史料编纂所藏）

缩小到了三浦之乱前的一半以下。

　　然而，对马不满足于缩小后的规模，使用各种手段试图维持实质上的通交规模。其中之一就是利用"日本国王使"的名义。

本来，"日本国王"是明赐予室町幕府长官的称号，以此名义入境的使节在朝鲜也会受到最高的礼遇。但三浦之乱后来到朝鲜的日本国王使几乎与幕府无关，而是对马宗氏擅自僭称国王名义派来的使节。代表对马的利害关系、完成外交关系恢复任务的使僧弸中也自称日本国王使。这样的状况为何能够成为现实？

1580年，列有对马到朝鲜的船只一览的古文书《国次印官之迹付》中记录："八月廿一日，国王殿之御印推申候。上官宗像苏西堂，船头柳川权介方。"

"宗像苏西堂"是这一年作为日本国王使去朝鲜的禅僧景辙玄苏，其目的是试图向明进贡，望朝鲜从中斡旋。柳川权介是宗氏的家老重臣柳川调信，这次的使节显而易见是由宗氏派遣的。此时宗氏居住的对马府中保管着伪造的"日本国王"印，八月二十一日这枚印被盖在了给朝鲜国王的书信上。 220

这样的状态并非从此年开始，16世纪到朝鲜的日本国王使几乎全部应该是对马制造的伪使。[①] 三浦之乱后，使节的主要目的是恢复与朝鲜外交这类政治意图，但1523年以后几乎都被以贸易为目的的遣使替代。关于

---

① 近年来日本学界的"伪使"研究取得了许多成果，《海东诸国纪》中原先被认为是真使的记录现在已被证明实际上是对马岛派出的伪使，伪使的历史已被上溯到15世纪。

中世日本的内与外

1542 年带着八万两白银入境、让朝鲜一方十分头疼的僧人安心等使节，朝鲜的高官这样说道：

> 倭使之来，皆为贵银贸卖之利也……固知禁银，为我国之甲典。恐不能见售，托称国王书契，此倭，不可信其真为日本之使也。书契内，首及银两，力陈对马之事，言辞可疑。海岛狡夷，伪造国王书契，不无其理，不可不察。

对对马而言，"国王使"显然是为恢复被缩小的与朝鲜通交的规模而采取的方便手段。甚至对马还将国王以外的通交名义也掌握在手中。同样的名义连续使用 100 年以上，或者长时间断绝的关系突然恢复，这样的不自然状况频出。

对马制造的这些伪使当然会让满是虚假的日本信息传到朝鲜。当然，朝鲜一方也并不是没有发觉对马的作为。但对朝鲜来说不幸的是，能够核对对马信息真伪的其他资源接连失去，只能通过对马获知日本的情况。特别重要的是大内氏等人传来的情报也因 1551 年大内氏的灭亡而断绝。①

---

① 近年来的研究表明，1478 年大内氏与宗氏议和之后，在与朝鲜通交上二者不是竞争，而是合作关系，部分伪日本国王使由大内氏和宗氏联合派出。前述对马岛派出的使僧弥中、安心、景辙玄苏等都出自大内氏控制下的筑前国博多圣福寺。

反之，虽然 1480 年代朝鲜尚有派出使节到日本调查 222
实情的企图，但宗氏刻意强调日本国内局势不稳，妨碍朝
鲜派使节赴日，再加上朝鲜人厌恶踏上夷狄之地的强烈风
潮，最终遣使未能实现。

大内氏灭亡后，日本列岛的战国动乱逐渐走向终结，
前所未有的强大中央集权即将出现。然而朝鲜未能正确把
握丰臣秀吉出现为止的重大事态。

对马的所为妨碍了朝鲜，这是事实，但派遣使节到日
本掌握实情，是只要朝鲜决断即可实行之事。如果朝鲜果
断实行，能够更加正确地理解丰臣秀吉权力的本质，就应
该能够想到加强国家防卫力量。如果那样的话，1592 年
日本突然侵入朝鲜国内纵深的局面也许就不会出现了。

结　语

从侵略到“锁国”

223 　　本书探讨了从 9 世纪到 16 世纪上半叶“中世日本的内与外”。但如果只是这样的话，就会遗漏重要的部分。自不必说，就是从 16 世纪中叶到 17 世纪上半叶这个波澜壮阔的时代，它相当于中世的末尾，或者说向近世过渡的时期。在世界历史的变动之中，被称作幕藩制国家的日本近世国家作为其变动的一部分而诞生，通过独自的方法构建自己的内与外。

　　如果要全面地把握这个时代，这本书的长度就不够了。而且，在可以说是本书姊妹篇的拙著《世界史中的战国日本》（『世界史のなかの戦国日本』ちくま学芸文庫、2012 年）中，我描绘了自己心中的时代画像。本书有头无尾的部分希望能通过《世界史中的战国日本》得到补足。本书将在此处极粗略地展望一下“近世的内与
224 外”后搁笔。

　　在这个时代的日本列岛，从战国的分裂动乱之中出现了趋向统一的势头，织田信长、丰臣秀吉、德川家康这三位"天下人"登场，实现了政治上、经济上的整合。其强大的军事力量不仅是在长期的战乱中磨炼而来，还因人力和物力资源的高效组织与运营得以维系。

　　譬如说，在城郭建造和攻防中使用的土木技术也被应用在矿山开发、耕地开垦、治水和利水等方面，带来了在权力分散的中世无法想象的生产力解放。并且被解放的生产力反而要求更集权的政治权力，最终被称为"幕藩制国家"，即在封建统治原理之下最高度的集权国家权力诞生了。

　　全国统一战争中丰臣秀吉的胜利，与其说是将对手从军事上彻底击垮，不如说是以压倒性的军事力量和经济实力为背景，强制实现的"秀吉的和平"。1587 年的"九州征伐"中，岛津氏屈从于秀吉的压力，因而作为近世大名残存下来。1590 年的"小田原征伐"中，后北条氏因反抗秀吉而被消灭。

　　如此扩张的统一并扩大版图的冲动并未被国境阻挡。225
1592 年，日本军跨海侵入朝鲜半岛，转眼之间就攻陷了朝鲜都城汉城。丰臣秀吉在这场对外战争之中也沿用了在国内战争中取得成效的方法和逻辑。让朝鲜国王投降，将朝鲜半岛收入版图，进而以朝鲜为踏板，谋求向最终目标明发起进攻。

然而，朝鲜国王轻易丢弃汉城并逃往朝鲜与明的国境处，这是秀吉的第一个误判。丰臣秀吉为了惩罚违背自己命令的对手，就不得不延长战争了。结果，面对异族军队的突然入侵，朝鲜人民顽强抵抗，明也基于册封的原则派遣援军，再加上海战导致补给困难，日本军陷入了泥淖。

1598 年，丰臣秀吉死去，日本军撤退，战争落下了帷幕，剩下的是遍及朝鲜全境的荒废、因军费支出导致的明的财政恶化，以及丰臣政权自身的瓦解。1600 年，在关原之战中胜利的德川家康于两年后在江户创立了幕府。

226　　丰臣秀吉早在 1585 年就公开表示了征服明的意图。侵略朝鲜并不是他战争的最终目标（但 1597 年开始的第二次侵略——庆长之役——改为以占领朝鲜半岛南部为目标）。如果从"亚洲"的视角来看，丰臣秀吉的战争是边境诞生的军事权力向"中华"发起的挑战。

接着，实现丰臣秀吉受挫的野心的是从朝鲜半岛最北部到中国东北地区居住的女真族。其中之一的建州女真部族中出现了努尔哈赤这样的英雄人物，他抓住了明在朝鲜半岛与日本军在战争中角力的机会，于 17 世纪初统一女真各部。1616 年，努尔哈赤建国，国号为"金"（后金），建

227　元"天命"，起兵抗明。1619 年，他在萨尔浒与明军交战，纵然兵力显著处于劣势，仍取得大胜。

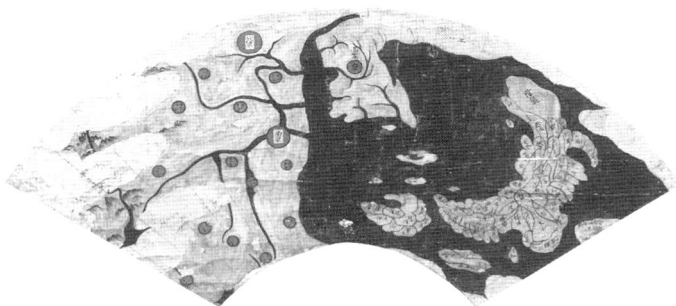

依丰臣秀吉之令制作的日本、朝鲜、明三国的地图（大阪城天守阁藏）

维系着女真势力扩张的并不仅仅是统率以骑兵为核心的精悍军事力量。15 世纪下半叶以后，中国中心地区经济规模快速扩大，其影响蔓延到边境地带。即便是在女真族的势力范围，他们也通过农业和人参、毛皮贸易的发展逐渐积累了财富。支撑着努尔哈赤崛起的经济基础正在于此。

当时，到访女真边界地带的朝鲜人目击到，四方而来的物资汇聚于贫寒的乡村，繁荣程度超过了朝鲜。其势头蔓延到了接壤的朝鲜半岛，女真军于 1627、1636 年两次入侵，沉重打击了因与日本的战争而疲敝的朝鲜王朝。朝鲜将与日本的战争称作"壬辰、丁酉倭乱"，将与女真的战争称作"丁卯、丙子胡乱"。

后金建国时，其治下的民众人数不过明的一府之数而已。正因为如此，萨尔浒之战意想不到的大败令明军仓皇失措，局势迅速变动，加上明朝朝廷的无能与高官的党争，中央政府对全国的统治动摇，西安的李自成与四川的张献忠等地方势力逐渐独立。

228 　　最终，1644 年李自成攻陷北京，崇祯皇帝自杀，明朝灭亡。就像等待此良机出现一样，清（1636 年后金改国号为清）军进入北京。

　　大清建国给东亚带来了不可估量的冲击。清王朝自身为了获得中华之主的认知，采用了中华的文物、制度，奖励了文化发展。结果，17 世纪下半叶至 18 世纪出现了康熙、雍正、乾隆的盛世。

　　然而，朝鲜和日本不认同清是中华，期望复明。虽然没有实现，但德川家光政权曾经讨论向明派遣援军。

　　历时九年的三藩之乱在 1681 年被平定，1683 年台湾郑氏势力向清投降，之后中国的反清复明运动基本上平息下来。但朝鲜和日本并不真正承认清为新的"中华"，倒不如说，他们认为自身才是真正的中华延续者，其文化自尊意识高涨起来。

229 　　于是，东亚各国以自己为中心，构建了独自的对外关系，创造出新的内外关系。日本的"锁国"也是其中之一。所谓"锁国"，并不是缩在乌龟壳里断绝与外界的一切联系。从理念上说就是国家掌控全部对外关系的体制，在国家政策允许的范围之内倒不如说结成了积极的对外关系。

而且，这种内外关系绝不是日本独有的，东亚其他国家的内外关系基本上也是遵循"华夷"的编成这一"亚洲"脉络的产物。这种内外关系本质上是与明代以来中国采用的"海禁"相同的政策，可认为是同一类型。也可以说，迟到近三百年，日本终于追赶上了"亚洲"的水准。

另一方面，16 世纪中叶，遥远的西欧势力抵达东亚，传来了基督教和火绳枪。他们投身香料、衣料、贵金属等贸易中，但这些物资很少被运送到欧洲，主要发挥的是在亚洲内部物流中转的功能。

但是，巧妙结合战舰和火器的强大武力，以及由基督教正统主义维系的选民意识，在此前的亚洲各势力之内是不存在的。更重要的是，即便只是萌芽，亚洲却成为葡萄牙、西班牙、荷兰、英国等国家的世界贸易和殖民政策的对象，首次被卷入"世界史"的联系之中。具体来说，关于亚洲各国、各势力应如何应对欧洲人的贸易和传教活动，他们不得不为此做出选择。

自丰臣秀吉 1587 年发布"伴天连①驱逐令"以后，

230

————————

①　即神父、传教士。

中世日本的内与外

日本的统一政权原则上禁止基督教传教，反而对获得贸易利益非常热衷。德川家康时代的朱印船贸易①广为人知，德川家康的亲信侍奉者里有英国人威廉·亚当斯（三浦按针，William Adams）、荷兰人耶扬子（Jan Joosten van Lodensteyn）这样的人物。

1637 年，岛原天草切支丹②大一揆③爆发，这使幕藩政权真正痛彻地感受到基督教的存在是一大威胁。幕府正式发动幕藩制的军事系统以实施镇压，即便如此，也遭受了幕府使节板仓重昌战死，动乱后岛原领主松仓家、天草领主寺泽家灭门等沉痛打击。

德川家光于 1633 年发布的"宽永锁国令"以禁止日本人往来海外、取缔传教士的传教活动、取缔与外国船的贸易为基本点，在 1636 年之前又经历多次小规模修订，岛原天草一揆被平定的次年（1639），该命令以完全禁止葡萄牙船只渡海来日宣告完成。幕府于次年将澳门驶向长崎的使节船焚毁，并处死使节等 61 人，表现出强硬姿态。

如此成形的"锁国"体制就是幕府让其派遣的奉行在治下的长崎进行与唐人町的中国人及出岛的荷兰人的贸

231

---

① 德川幕府实施的对外贸易管理制度，即由幕府对指定船舶、海商发布渡海许可书的制度。
② 又称吉利支丹，即日本的基督徒，葡萄牙语"基督徒"的音译。
③ 一揆即为反抗统治者暴政而发动的武装起义。

易，并将与朝鲜、琉球、阿依努人的贸易和交涉相应地委托给对马藩、萨摩藩、松前藩，作为各自的"家役"。

近年的研究将上述长崎、对马、琉球、松前称作幕藩制国家的"四口"。将对外交往的窗口限定在"四口"，封锁其余海岸线，监视外国船只到来与日本人的自由渡海，幕府由此基本上完全实现了国家对对外关系的管理。

确实可以认为这是亚洲式的"海禁"的彻底形态。但这样的彻底让根除切支丹这一特定时期固有的国家意识形态强势起来。此外，幕府以根除切支丹为由推行了宗门人别改（民众所属宗教调查）这一统治国内民众的制度，事实上使户籍制度得以实现。

232

在中世，国家层面自不必说，连庄园或村落层面也不存在权力掌控住全体居民的体系。从这一点来考虑，可知以切支丹问题为基础的近世的内与外，与中世呈现了完全不同的状态。

从这一点反过来总结中世时代的内与外的特征的话，与前后的古代（本书基本上没有介绍古代）和近世相比，可以认为当时国家组织弱小，对民众的统治能力低下。正因为弱小，在多种多样的人群参与的情况下，与外部世界的交流呈现出多种多样的状态。

按照"中世日本的内与外"的主题来思考这一状况的话，事实上内外的区别并非绝对，换言之主题本身也处于被否定的状态。

但进一步想，如果我们将目光对准把现代的我们容纳进来的内外关系的状况，或者说其现代演进的方向的话，出人意料的是我们可以察觉到现代与中世有很多共通之处。

233　　当然，近代的"国民国家"对民众的掌控能力之强，远非中世所能企及。即便如此，若关注从第二次世界大战结束后的封闭状态到"国际化"不可避免的现在的日本的足迹，就会发现跨越国界的人和物的活动，其规模与多样性都显著扩大及增加了。因此，我们的意识也面向"外部"大幅开放。

形容"中世的内与外"很恰当的词语"无边界化"（borderless）也成了理解现代世界的关键词，这实在富有象征性意味。

后　记

1999 年 1 月 1 日，欧盟十一国通用的共同货币欧元 234 在市场上出现。

要跨越国界就得到银行的窗口排队兑换货币。连这个在欧盟圈旅行时唯一能切实感受到进入其他国家的风景也正在消失。这让我感到真是生逢一个有趣的时代。

东亚目前尚未进展到这一地步，往来国界内外时的检查仍然严格。但是，由泰国开始爆发的金融危机的连锁反应给我们上了一课：所有的国家都被卷入世界经济的熔炉里，其中一方的获胜就是另一方的失败的常识已不再成立。

将国家的内外之别感受为绝对之物，恐怕是生于并成长于战败后的我们这一代日本人所特有的想法。阅读本书的年轻人或许不会发出特别的感慨，他们应该能够轻易地 235 跨越国界。我却通过迂回到很久以前的中世，终于认识到

中世日本的内与外

内外之别的相对性，知晓了内外中间既称不上内又称不上外的灰色地带的存在。如此的中世状态意外地与我们所踏入的现代世界相近。

　　本书按照几个时代、几个场面叙述了以上之事，基于我在东京大学教养学部两年一次开设的"日本史学入门课程"的笔记整理而成。我虽然不知道在为数不多的听讲者之中产生了多少共鸣，但对我来说，这是坦率地传递历史学的意义及其趣味性的宝贵机会。

　　筑摩书房的土器屋泰子女士在本书的编辑工作中不辞辛劳，我不知该用怎样的语言感谢才好。她仿佛是在不完成作业的学生面前失望的老师。反复看到这一场面的没出息的学生的"愧疚"之情让我拿起有些怠慢的笔，总算写了下去。虽然如此，也比当初的计划晚了将近两年。

村井章介

1999 年 1 月 10 日

附　录

列岛内外的交流史

富士川上架设的舟桥 (《一遍圣绘》，欢喜光寺藏)

一、"海道"与《海东诸国纪》

市村高男将中世日本的沿海分割成多个"航海圈"，**238**
将贯穿航海圈的主要航路称作"海道"，他具体地推定出
12 条海道，在写上中世主要的港口城镇之后，绘制在日
本列岛地图之上（图1）。根据市村高男的研究，古代至
中世的远距离水运有三个特征：

1. 在从出发地到目的地的行程中，并不是同一艘船
一口气完成整段航海路程，船只是在一定的航海圈内部往
来的；

2. 船只行驶时摸索着能看见陆地和岛屿的沿岸地区
前进，停靠在视野范围内的邻近港口、码头、停泊水域；

3. 良好的港口、码头、停泊水域具有优厚的气象条
件（洋流、风浪等）与地形条件（港湾、峡湾、内海
等），背后具有各种都市或某种强大的消费群体。

并且，中世繁荣的港湾都市处于多条海道交汇的场
所。坊津①连接冲绳、奄美海道与西九州海道，博多汇聚
西九州海道、山阴海道和濑户内海海道，兵库、堺连接东 **240**
九州、四国海道与濑户内海海道，小滨、敦贺交汇山阴海

———————

① 位于现鹿儿岛县。

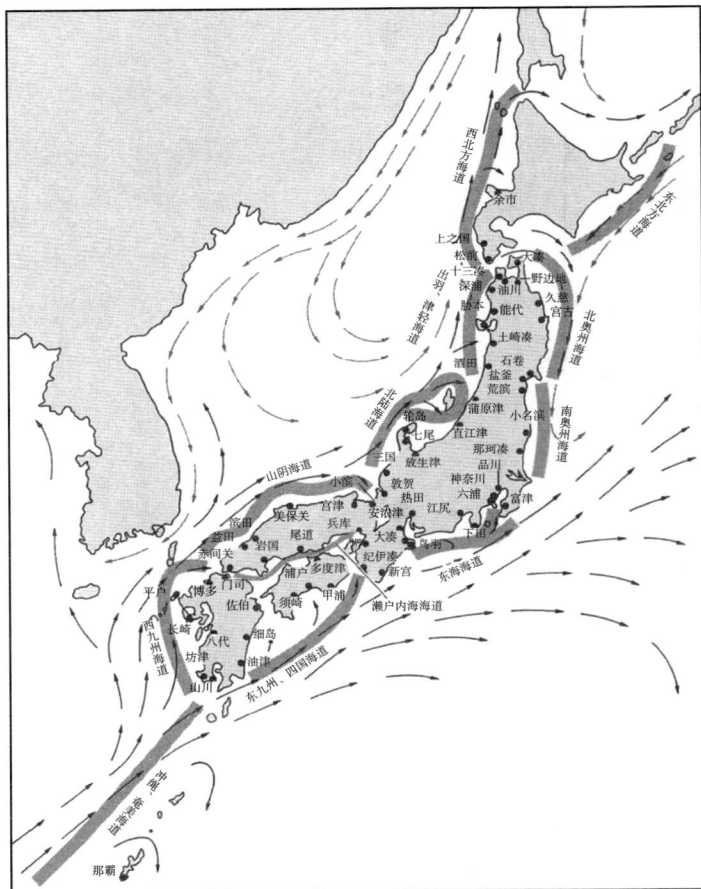

图1　日本列岛沿岸的海道与主要港口、码头、停泊水域
（市村高男『十二の海道』）

道和北陆海道，伊势大凑、安浓津集聚东九州、四国海道与东海海道，特别是后三组各自发挥了京都西、北、东部外港的功能。就像这样，多数的海道具有向京都靠拢的结构。以镰仓为中心的东国都城圈的中心位置在一定程度上得到认可，但北日本沿岸的各海道并非有面对东国都城圈的向心性。从水运体系来看，相比以京都为中心的都城圈，东国都城圈处于劣势。

市村高男将一直以来以含混不清的远距离航路，或绕列岛一周航路等所描述的中世海上交通，在与洋流、潮汐、风浪等自然条件，列岛规模的流通构造、港口城镇的分布和功能等相关联的情况下，描述为具有独特结构的状况，这一点引人注目。由此，又有接下来这些疑问或新问题浮现出来。

1. 这种解释方式是否过于限定在当今日本国家范围内？冲绳、奄美海道与东西的北方海道被认作列岛外的交通，但此外的东九州、山阴、濑户内海各海道与博多—壹岐、对马—朝鲜庆尚道航路相连，以博多为首的东九州海道各港湾还是横渡东海、面向中国航路的起点。日本海一侧的各海道则与横跨日本海、朝向大陆的航路相连。

2. 如果将各海道的特征归纳为面向京都的向心结构的话，提出"多个航海圈的连锁"这一模式的意义不就减半了吗？

241

3. 划分北陆海道与出羽、津轻海道的根据为何？市村高男自己说过："若狭湾与津轻半岛很有可能在北陆海道与出羽、津轻海道的有机联系之下直接相连。"但"海道"设定在多大程度上可以避免随意性，又如何能够一般化？

4. 各海道的物流规模和安定性的区别如何？特别是北奥州海道在何种程度上是日常存在的？

5. 东海海道与东海道，濑户内海海道、山阴海道与山阳道，南奥州海道、北奥州海道与奥大道等，海道与陆上交通线的合作和竞争是怎样的？从港口城镇的形成原因来说，不只是多条海道的交汇处，也应该有必要考虑海陆交汇地点这一要素（兵库、小滨、敦贺、肥后高濑等）。

242　　6. 邻近的港口城镇存在与海道的关系上分担职责的情况。譬如，小滨（山阴海道）与敦贺（北陆海道），兵库（濑户内海海道）与堺（东九州、四国海道），镰仓（东海海道）与六浦（江户湾内航路）等。

在承认市村高男有关航海圈、海道概念的有效性的前提下，本文想通过考察被其排除的要素，尝试更为立体地把握中世的交通。首先，我们来看日莲将《小乘经》、《大乘经》和《法华经》比作船只的文章（『日莲聖人遺文』，建治元年八月四日致乙御前书信）。

> 所谓小乘经，有如世间小船，只能乘坐两三人，不能乘坐百千人。设若两三人等乘坐，也很难从此岸到彼岸。且纵然能稍许装载货物，也很难装入大的货物。所谓大乘（经）就是大船，可以乘坐十人二十人，还可以装载大货物，从镰仓可达筑紫、奥州。所谓实经，又远过于那些大船的大乘经。可装载大的珍宝，乘坐百千人，甚至可以到达高丽。一乘法华经也是这样的经典。

这里，日莲将《小乘经》比作只能乘坐两三人，行驶到近邻之处的小船；将《大乘经》比作可以乘坐一二十人并装载大货物，可以从镰仓往来九州或陆奥的大船；将自身依据的《法华经》比作乘坐千百人，装载大珍宝，足以驶抵高丽的超大船。他将《法华经》定位为跨越多条海道，往来远隔地区的大船，以及在其延长线上能够远赴列岛之外的贸易船。远距离航路的设想以镰仓为中心，贸易船的渡海目的地不是中国而是高丽，这些地方都体现了京都周边的知识分子阶层所没有的认知结构。

这里出现了贯通从东海海道到西部相连海道的船，这样的例子在其他地方也能见到。今川了俊 1371 年写作的旅行记《途中见闻》描述了濑户内海海道重要港口尾道停泊有陆奥和筑紫的船只。在中世后期的文艺作品当中，

243

中世日本的内与外

很多故事以在日本海航路暗中活动的人口买卖船把主人公卖来卖去为题材。譬如《山椒太夫》中，安寿姬和厨子王姐弟的母亲从越后直江津被卖到虾夷岛的故事就是著名的事例。此外，奈良绘本《弓继》中有主人公少女在能登国小屋凑（今轮岛市）被人贩子卖给从筑紫博多来的人口买卖船的场面。这种情况下，航海圈并不是因朝向京都的向心力而在小滨、敦贺被分割开来，而是贯通北陆海道到山阴海道的。

此外，《南方纪传》中有 1403 年琉球国船只漂来武藏国六浦的记录。在御伽草子《御曹子岛渡》里，陆奥国十三凑的船主对试图乘船到虾夷岛的源义经说："此处是北国，高丽船也来往此处。"当时来自"大和"以外地区的船只和"大和"以内的船只在海道中混杂在一起。

有一幅能让 15 世纪西日本的航海圈直接浮现在眼前的画，那就是 1471 年由朝鲜宰相（领议政）兼外交负责人的申叔舟编写的日本、琉球地理志《海东诸国纪》中收录的几幅地图。在《日本本国之图》（图 2）的纪伊、若狭以西，以及《日本国西海道九州之图》《日本国一岐岛①之图》《日本国对马岛之图》《琉球国之图》中，在海上用白色的线描出了航道。将这些航道与日本国内史

———————

① 即壹岐岛。

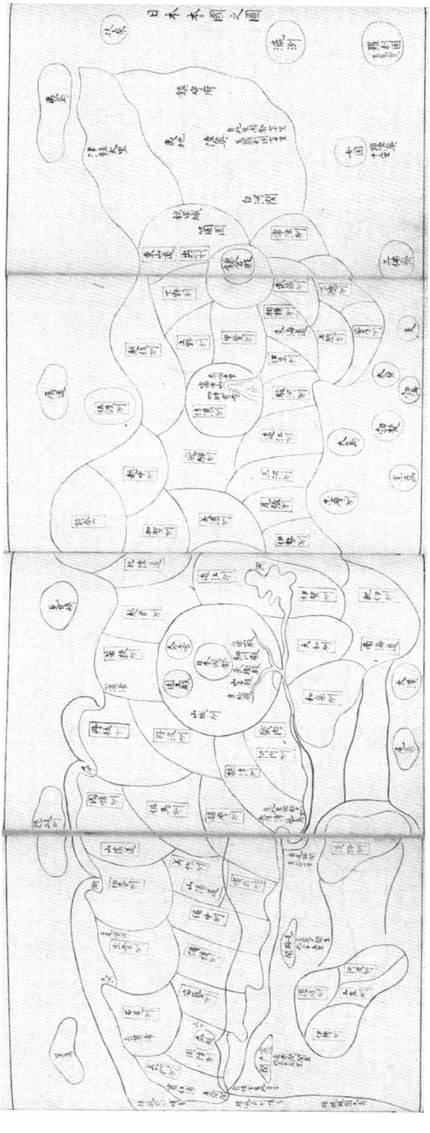

图 2　《海东诸国纪》中的《日本本国之图》（东京大学史料编纂所藏）

料对照，可以发现其相当准确。根据中村荣孝的考察，这些地图是以博多商人道安献给朝鲜政府的《日本、琉球两国地图》为蓝本绘制的。在《日本本国之图》里，实际上很活跃的东日本航道一概未被描绘出来，反而尾渠、大汉、黑齿、勃楚、勃海、大身、支、三佛齐、女国、罗刹国、瀛洲、扶桑（以上为太平洋一侧）、雁道（佐渡以北）这样架空的地名环绕周围。可以认为这是因为道安的活动范围不包括东日本地区，所以早期的地理信息没有得到更新。因此，我们可以认为这一地图上的航道是道安活动的航海圈。道安不见于日本史料，但在《朝鲜王朝实录》中频频出现，是一个以博多为根据地，在日本、朝鲜、琉球广为活跃，当时首屈一指的贸易商人。

关于这幅地图讲述的海上交通，有几点值得关注。

首先印象最深刻的是从《琉球国之图》跨越到《九州之图》的范围里描绘的大量岛屿。这些岛屿的名字都被记录下来（其中有不知是现在何处的岛屿），其中多数用日本里标记了距离这一海域的基准点——上松浦、萨摩、大岛（奄美大岛）等——的里程，从冲绳本岛到奄美群岛的各岛屿被记录为"属琉球"。这些岛屿被描绘成比实际上大得多，存在感强烈，这显示出对在琉球、朝鲜之间海域活动的航海者而言，这些岛屿作为航道标识或贸易据点具有重要的意义。

此外引人注目的是，道安活跃的一部分海域的航道出
现了多条航线。在西九州海道，同为从奄美大岛出发的航
道，有沿九州岛西海岸的路线，还有从吐噶喇群岛或甑岛
西海面北上的路线。可以看出，直航外海的冲乘航海法①
正从市村高男所指出的古代、中世一般的沿岸航海法中分
离出来。博多与壹岐之间，也有经壹岐岛东岸世渡浦
（今长崎县壹岐市芦边町濑户浦）进入北岸风本浦（今壹
岐市胜本町胜本）的路线，和从上松浦经壹岐岛西南毛
都伊浦（今壹岐市乡之浦町本居）进入风本的路线。在
濑户内海航道里也能看到同样的多条航线的例子，在沿山
阳海岸的主线之外还有四国北岸路线。淡路岛与纪伊、和
泉之间的海域最为复杂，除从兵库浦（今神户市）经淀
川溯航到京都的主线，还有通过四国、淡路岛北侧及南侧
进入纪伊的两条并行路线，此外还有从淡路岛东侧北上进
入兵库的交叉路线。这些路线都被描绘下来。

以上松浦而不是博多为北九州海域的基准点，理由是
从琉球、西九州方面来看，上松浦是通往朝鲜半岛的路线
及经博多进入濑户内海海道或山阴海道路线的分界点，对
道安等人的活动具有极其重要的意义。就像这样，在道安
的活动里，"大和"范围外的路线与国内海道并无中断之

① 通过天文或航位推算而非依据可见的目标进行航海的方法。

处，而是连续的。另外，这一地图没有描绘跨越东海去往中国的路线。虽然也可以认为是因为朝鲜王朝对此没有兴趣，但我更倾向于认为这反映了道安其人与和中国的贸易活动无关（没有参与勘合贸易）。

前述通往纪伊的路线本来应该与东海海道相连，向东日本延伸，图画中却中断了。同样，山阴海岸航路也以若狭的小滨为终点（地图的白线是进入丹后而终的，但这大概是个错误，应该是与其右所书的"小滨浦"相连），不再向东延伸。正如东日本连一个港口都没有标记出来，可以认为这是因为纪伊、若狭以东不属于道安的活动范围。同时这一证据也支持了市村高男的观点，即纪伊与若狭是海道的终点，到达此处的船只基本上要返回。这样的话，在纪伊应该存在能和小滨相提并论的接触两条海道的重要港口。我们虽然可以举出几个候选，譬如中世以来利用丰富的木材发展造船业的日置川河口附近的安宅庄（今和歌山县白滨町安宅）等地，但尚无法确定。

二、中世的水陆干线交通道路

249 　　最近，中世长距离水运的兴盛被多次强调，这是受到网野善彦"大约在镰仓时代前期，环绕日本一周的驳船路线已经出现"观点的影响。我们不应否定其积极意义，但网野善彦的观点造成了好像中世已经存在江户时代的西循环、东循环航路这样的日常物流线路的印象，不可否认的是，其结果就是容易忽视各海道的差异为何，或者与陆上交通线的补充和竞争关系。市村高男的海道论强调并非同一船只绕行日本一周这样的长距离航海，这一点是对网野善彦观点的批判，但市村高男的海道图描绘出来的却是每条海道都以同样比重发挥了作用。

过去我在考察常滑烧①的大范围流通时，根据溯北上川而上，经奥大道通过津轻的内陆交通线比通过三陆海岸的海上交通线更优越这一曾经的考古发掘数据，提出了很难认为北奥州海道日常的驳船路线已经出现的观点。但是，根据汇聚最新研究成果的《多种的日本Ⅱ 迈向新的历史》（『いくつもの日本Ⅱ あらたな歴史へ』）所收录的羽柴直人《平泉》一文，三陆沿岸多处出土了东海产的陶器；平泉出土的能登珠洲系陶器也可能是经以陆奥湾外滨为起点的航路（即市村高男所说的北奥州海道），从石卷沿北上川运来的。这一观点提出了经北上川、奥大道通向外滨的路线与北奥州海道相连，形成以平泉为中心的环行路线的可能性，以及12世纪在外滨形成了据点港口的可能性。

250

---

① 以爱知县常滑市为中心的知多半岛内生产的炻器，日本六古窑之一。

中世日本的内与外

对这一包含了大胆推测的观点，尚需进一步讨论。但水陆交通的补充关系，以及东北地区内部存在一定程度上自成一体的物流线路的想法，具有超越平淡的水运兴盛说的积极意义。

然而，如果认为在陆奥湾周边或道南遗迹中的珠洲系陶器比东海产陶器优越，显示的是日本东部长距离航路里日本海一侧比太平洋一侧更具优势的话，就有必要认清包括双方比重差在内的整体状况。中世后期的文艺作品中出现的长距离航路压倒性地偏重于日本海一侧（前述《山椒太夫》《弓继》之外，还有幸若舞曲《信太》、说经节①《小栗》等），这可以作为参考。接下来一节，我们选出中世具有相对优势的四条干线交通线路，试着概观整体情况。

（1）从博多到京都

连接中世三大都市博多、京都、镰仓的交通线的重要性不必赘述。与京都、镰仓之间人们主要选择东海道陆路（后述）不同，博多、京都之间则得益于"大河"濑户内海，船更占优势。一个很好的例子可见于 1420 年往返在汉城、京都之间的朝鲜外交官宋希璟的旅行诗文集《老松堂日本行录》。

作品记录了"恶浪汹涌几于覆没，终夜苦劳""崖下

---

① 一种说唱形式，用三昧线伴奏的形式讲解经文。

立泊，过夜得生""数月乘舟尽水程"这样的旅途劳苦，
也写下了因大风和贼人所阻滞留尾道 20 日的百无聊赖。
此外，本书还描绘了海盗的威胁，比如听到雉声以为海盗
出没而战战兢兢，水手为防备海盗袭击而捡起石子。还有
一段有趣的记载：船只通过安艺蒲刈时，博多商人宗金花
钱七贯让海盗同乘，于是得以顺利通行。关于港口的情
景，可以看到三处"僧舍依山麓，人居傍水汀"这样的 　252
固定句式，此外还能够眺望到"人居稠密""板屋蜂屯"
这样的城镇景象，也能听到"发船泊船皆吹角"之声。
关于在港口城镇的人际交流，本书记载了作者被赤间关
（今下关市）的尼僧殷勤劝酒，与尾道的禅僧以香、茶与
诗相交，以及从侨居于赤间关的朝鲜人处听来的时宗寺院
僧尼同宿的逸闻。

　　另一方面，关于山阳道的陆上交通，前述《途中见
闻》中描述了今川了俊率南朝讨伐军缓慢地唱着歌向西
部进军的情景。其中经濑川（今大阪府箕面市）等地到
凑川（今神户市）为止的西国街道①，宋希璟一行也曾逆
向行走过；从淀顺淀川而下到河口尼崎的方法，宋希璟返
程时也用过，这是一般的路线。今川了俊通过播磨的饰
磨，在河边看见了石塚，据说首次通过这条道路的旅人一

---

① 　京都出东寺口向西的交通干线。

定要将附近神社神前的"物之型"拿在手里，绕行此石塚，模仿男女性行为的动作之后通过。

据榎原雅治的研究，播磨、备前、备中三地带"宿"[①]字的地名完美地东西并列残留下来，中世的山阳道路线可以被复原，但到了备后以西就找不到了。榎原雅治推测，这一现象与其归因于经济，倒不如说反映了政治性的交通，特别是交通线路与驿站可能作为"维系往返于京都和本地的幕府奉公众[②]及守护被官们交通的公共设施"被整备起来。

在战乱不断的室町时代，山阳道、濑户内海海道是山贼、海盗的巢穴，而且战斗频发，安全问题突出。沿山阴海岸的海陆道路取而代之，重要性增加。应仁、文明之乱[③]末期的 1476 年，宣慰使金自贞从朝鲜到对马，金自贞问被朝鲜任命为"护军"之职的壹岐人三郎太郎："我国使船可到达日本国王的居所吗？"三郎太郎如是回答（《成宗实录》成宗七年七月丁卯条）：

> 南路兵乱，散无统纪，必为海贼所掠。若自一岐

---

① 沿交通干线形成的可提供住宿的集镇，供应马匹和粮食等交通物资，类似于驿站。

② 室町幕府将军的直属武装力量。

③ 1467 年在京都爆发的大名集团的武装冲突，持续十一年，给日本列岛造成了深重的破坏，一些学者认为这是战国时代的开始。

州由北海而行，则风便八日可到若狭州，自若狭州陆
行三息，至伊麻豆［今津］站，乘船由水路行三息，
至沙可毛道［坂本］站，陆行一息，至国王处。博
多、一岐商贩人皆由此路往来。大国若遣通信使，我
当指路矣。

254

"南路"指濑户内海航路。三郎太郎推荐的路线，是
由朝鲜经对马过壹岐，从壹岐到某处——从常识来说是博
多，但可能为避战乱专门选择了其他地方——进入山阴海
道，在若狭小滨登陆，沿九里半街道出琵琶湖西岸的今
津，再换乘船只抵达坂本（大津市），跨越隘口即可到达
京都。三郎太郎说博多与壹岐的商人都以此路线往来。

1575 年，岛津家久从萨摩到京都及伊势神宫，去程
走山阳道，返程走山阴道，以陆路水路复杂混合的方式旅
行（『家久君上京日记』）。从返程来看，他由摄津池田北
上，经丹波明野（今兵库县筱山市明野）、但马矢名濑
（今兵库县朝来市山东町矢名濑）、因幡若狭（今鸟取县
若樱町）等，从鸟取出日本海海岸。之后他乘船从水无
濑（今鸟取市青谷町）到伯耆大塚（今鸟取县琴浦町逢
束），从米子（今米子市）过中海、宍道湖到出云的平
田，从石见温乃津（今鸟取县大田市温泉津町）到滨田，
再从滨田一口气到肥前平户。当然，他并不是只使用一艘

255

船，而是搭了"便船"。

（2）"首都圈"的交通网与外港

在多条海道与陆上交通线汇聚的京都及其近郊，能够看到非常发达且系统化的交通体系。早在平安时代的《新猿乐记》中，就出现了在以京都为中心，"东到大津、三津（坂本），西到淀渡、山崎"范围内的马借、车借①活动。这些交通都市都具有京都外港的特征，是狭义上的"都城圈"入口。其内部出现了组合水陆的复杂交通体系，新路、运河等人工交通线的建造，车辆的频繁使用等，呈现出繁荣发展的样态。1280年去镰仓旅行的飞鸟井雅有从京都乘车出发，在法胜寺南门改骑马，经粟田口向东而去（『春能深山路』）。位于京都东部入口位置的粟田口是交通要地，路面深掘下去，通行就变得容易了。《海道记》中记载了出京的样子："如果从粟田口的深沟路南向弯曲而行，来到遇坂山的话，九重的宝塔（法胜寺塔）②就隐藏在北面。"

在淀和坂本营业的问丸③负责保管从各地运来的地租和杂税，有必要的话就运输到京都的庄园领主那里。他们

---

① 运输业者。

② 法胜寺塔旧址位于京都鸭川以东，今京都动物园一带，是当时日本的最高层建筑，也是中世王权的象征。

③ 运输、仓储、委托销售业者。

最后不是将保管的地租和杂税直接运给庄园领主，而是适当地利用，借以谋利。对庄园领主而言，这一方式的利好也更多。此时，问丸发出割符（汇票），成为保证信用交易的主体。

譬如说，远江国村栉庄的本家①东寺在收取充当 1446 年地租的木材时，向淀的问丸借用人手，雇佣车借，将木材运回寺院（『東寺百合文書』る函）。这种情况下，虽然木材也有可能是从远江绕过纪伊半岛再用船运输到淀的，但村栉庄是伸入滨名湖的半岛，林业不可能非常发达。倒不如认为淀的问丸储藏有村栉庄的领家天龙寺的物资木材，天龙寺将其转用为上交本家领主的地租。此外，淀与东寺之间的木材运输雇了车借这一点，也可以看到"都城圈"交通网的一个侧面。

从山阴、北陆海道的终点小滨、敦贺出发的路线，以及从美浓或伊势出发的路线，均翻过山岭到琵琶湖岸。在那里换乘船只横跨琵琶湖到达大津或坂本，这是中世一般的路线。琵琶湖诞生了特别多样的航行路线，马借、车借或问丸等物流业者在众多港口营业（图3）。以下，我们按照樱井英治的说法展开叙述。

257

---

① 中世庄园的利权是垂直的多层体系，最上层是本家，在本家之下是领家，领家之下才是庄官阶层。

从小滨出发到今津（古称木津），从敦贺到海津或盐津。从若狭去京都，有近来以"鲭街道"闻名的跨越杤木村的陆上线路，但运输大宗物品的话还是利用琵琶湖水运更有效率。譬如说，东寺领若狭国太良庄（今小滨市）的地租是从木津用船运输到大津的。

从东面而来的话，可以使用平方、朝妻、萨摩、岛、志那、山田、矢桥等湖东多个港口。战国时代多次去东国的贵族山科言继乘船走过了多种路线，1533 年去程从坂本到志那，回程从朝妻到坂本；1556 年去程从坂本到志那，返程从志那到坂本；1569 年都是去程，从坂本到朝妻、从坂本到岛；1571 年去程从粟津到矢桥（『言継卿记』）。大津、粟津到山田、矢桥距离极短，谣曲《自然居士》中的人口贩子对岸上向他大声叫喊的自然居士说："没有山田、矢桥的渡船，您是在喊谁呢？"就像这样，旅客使用渡船是很普遍的。

259

在琵琶湖水面各项活动中具有很大权限的是坚田。坚田位于湖东西宽度变窄，分开北湖和南湖的细小部分西侧，从北湖的各港口前往京都方向的船只必定要从这里经过。一方面，坚田的居民被视作海盗，令人生畏；另一方面，从通过的船只收取礼物之后，他们将以实际行动保证其安全通行。这些坚田居民被称作"上乘"。上乘因此积蓄财力，也具有调停与琵琶湖有关的各地居民纷争的"法

○ 主要的码头、宿场
)(隘口
I 关口
● 其他相关地名

敦贺
越前　美浓
七里半海道　五里半海道　东近江路
九里半海道　大浦　盐津　木之本
若狭　海津　片山　近江　尾上　片山
小滨　保坂　今津　木津　菅浦　大崎　平方
椋川　西近江路　高岛南市　琵琶湖　朝妻　筑摩　醒井　柏原　墨俣
朽木　朽木越　佐和山　摺针隘口
山城　葛川　小野
花折隘口　美浓路　八坂　萨摩
途中　和迩　竹生岛　田中江　冈山　武佐　小幡　八风山上海道
大原　坂本　志那　镜　八日市　八风隘口　桑名
穴太　坚田　下笠　草津　千草隘口　桑名
京都　大津　山田　野路　草津　铃　甲津早田　伊势
宇治　松本津　矢桥　东海道　铃鹿隘口
奈良　伊贺　水口　土山
0 5 10 15千米
安浓津

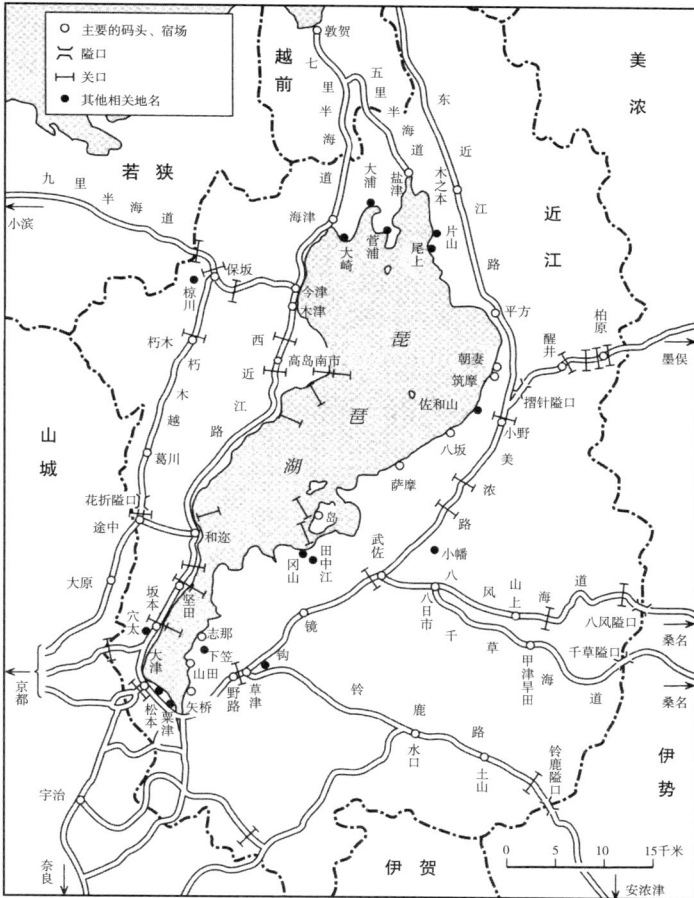

图3　近江的交通线（在樱井英治『琵琶湖の交通』的基础上做了修改）

律守护者"的一面（『菅浦文書』）。在作为坚田居民信仰的场所、聚集的场所而建立的净土真宗本福寺中，寺里所传《本福寺门徒记》《本福寺迹书》等记录里，战国时代的坚田人远赴因幡、能登等遥远之地，开展多姿多彩的活动。居民中还有以"唐人屋"为屋号，到堺开染坊的家族。

比叡山延历寺（即山门，其成员被称作山徒）[1] 控制着从近江到京都物流的咽喉，在全国流通业具有巨大的影响力。京都的土仓（当铺）等金融业的经营者几乎都是山徒。此外近江可以说是比叡山山麓之土，湖岸港口城镇的多数营业者也是山徒。譬如 15 世纪下半叶，一个叫静住房宪舜的山徒一面放高利贷，一面兼任东坂本"马借年预职"和今坚田"上乘职"，同时还是幕府政所执事伊势氏的御仓（仓库管理者），开展了多种多样的经济活动。

从大阪湾海岸沿淀川逆流而上，或者顺着西国街道前往京都的货物会暂时卸载在淀或山崎。淀很早就设立了关卡，也开辟了鱼市。此外，这里的居民以淀川沿线为主要势力范围，拥有"商船十一艘"，并得到了幕府许可，通过兵库关时有免交关税之权（『兵庫北関入船納帳』）。根据

---

① 天台宗总本山，是中世社会中最大的寺社势力。

小林保夫、田岛良哲的研究，他们还有附近石清水八幡宫①神人的身份，获得了以关卡通过权为首各种各样的特权。再者，山崎的居民以石清水下属神社离宫八幡宫为上级，组织了油座，获得了全国苏子油贩卖专营权许可。这里也与大津、坂本的问丸是延历寺山徒这一点一样，能够看到物流业者与实力派寺院、神社结成的侍奉和庇护关系。

京都东北的守护神延历寺与南面的守护神石清水八幡宫各自组织了物流业者，掌控了全国流通网络的枢要。1219 年，作为筑前大山寺寄人（神人）的宋朝商人张光安被筥崎宫留守职②父子所杀，大山寺的上级寺院延历寺要求罢免筥崎宫上级石清水八幡宫的长官权别当宗清，向朝廷发动强诉③，引发骚乱。事件原因可以想象成日本与宋贸易的利权之争，这与大寺社对流通的控制相结合，引发了"中央"两大豪门势力的对抗。就像这样，寺社的上下级关系与商人们的人际关系互为表里，全国性的流通组织形成了，这里并没有将外国人排除出去。

（3）京都—镰仓

幕府设在镰仓，因此，作为两个"都城"间的主干

261

---

① 京都南郊男山的大神社，也是强悍的寺社势力。
② 负责神社的日常管理。
③ 以神威为后盾的暴力性示威。

线路，连接京都与镰仓的路线具有了特别的重要性。镰仓作为一个新的政治中心出现，也给都与鄙的文化优劣坐标轴带来了微妙的变化。《东关纪行》的作者记述北条泰时在三河的笹原"对途中的随行者说"，若是见到了"枯萎的柳树（也不要移走）"，"即便目前已不能遮阴，但勉强还能做个路标，也是件好事"，称赞了他的德政。

镰仓幕府的审判标榜基于合理逻辑的判断，比起京都朝廷其道德性更加令人期待。《十六夜日记》是 1279 年作者阿佛为继承亡夫留下来的领地而去镰仓打官司时的旅行记，她叙述自己路途中的心情是"若得到关东龟镜①的映照，便能够拨云见日，至少我心中作此想"。此外《东关纪行》还介绍，"有所盼望之事，前去镰仓的筑紫人"向远江舞泽原的观音祈愿，愿望实现后建造佛堂，前来参拜的人就多了起来。《蒙古袭来绘词》所描绘的肥后国御家人竹崎季长也是这样的一个筑紫人。

飞鸟井雅有在写作《春能深山路》的 1280 年，他在东行途中记述"从东宫御前处领受了需要传达给关东的事项（文书）"，或许为实现东宫（后来的伏见天皇）的

262

---

① 指规范。

即位而去关东事前疏通是他此行的目的。① 《春能深山路》末尾的纪行部分有很多交通史的珍贵记载。

近江路若是落雨，雨水浸湿路面，糟糕的路段就有很多。飞鸟井雅有描绘了"山前"的道路："大约是十余町的水路。水流像马驹的蹄子一般前仆后继，翻滚上涨的水流弄湿了衣袖。"《十六夜日记》中也记载："晚上一直下雨，虽说是平地，道路却越来越不像样子，人们无法通行，宛如在水田里面蹚过一样。"在爱知川一带，"人马都没有下脚的地方，容易滑倒，狼狈不堪"。在"一面有些高且打滑的"地方，马匹最终"四条腿仅剩一条（还站着）就摔倒了"。飞鸟井雅有"身上的白衣袖全湿透了"，但他"换了一匹马继续前行"，多少做好了立即能确保别的马匹的准备。灾难仍未结束，在笠缝川"走过一座只有一块木板，特别狭窄"的桥时，马落入河中。这样的事故似乎并不罕见，随行者很快"纷纷跳入水中，游着泳（把马）拽了上来"。

行走东海道途中，从墨俣渡过长良川之后，由美浓进入了尾张。阿佛在《假寐》的旅途中乘坐了渡船，而在《十六夜日记》的旅途中，"有一座排列着船只、用渔网

①　在镰仓时代后期，天皇家一分为二（持明院统和大觉寺统），二者为继承皇位均请镰仓幕府为援，因而公家朝廷每每派出使节到镰仓疏通关系。

拉起来的浮桥，虽然特别危险，但仍然渡了过去"。以当时的技术条件，如果要在河流宽阔之处架设桥梁，最多就是让大量船只横排起来，用渔网连接，将网的一头固定在河边的木桩上，再在船只上搭建铺着桥板的浮桥、舟桥。《一遍圣绘》中有富士川上架设的舟桥的描绘，构造不太清楚，在稍微下游一点的地方渡船似乎使用得更多，舟桥的岸上没有河畔房屋，在停靠船舶的地方则有（参见本章篇章页）。当然，这样的浮桥并不稳定，阿佛之行的第二年，飞鸟井雅有来此地时已不复存在了。1418 年正彻在墨俣乘船（『なぐさめ草』），1433 年足利义教游览富士山时，一片"舟桥远远地连接着，行人、征马摩肩接踵"（尧孝『覧富士记』）。倒不如认为，舟桥是仅为像足利义教这样的贵人渡河之时临时使用而架设的。

现今名古屋市东南部的鸣海是个道路通过海滨，等待退潮后通过的险处。飞鸟井雅有在"现在开始退潮的话，海潮刚好浸湿马蹄"时通过。《海道记》也说："早上满潮，若非鱼类无法通过（游过），白天退潮，沙滩露出来，乘马可以快速通过。"飞鸟井雅有经过三河的八桥宿，"海岸边的道路上那海浪的守关人没有懈怠的话，就走山路"。他将沿海岸的道路若遇涨潮就无法通行的可能性比作"海浪的守关人"。但山路是"实际上不存在的道路"，"狭窄的道路一边是绝壁，俯瞰海面，比起危险的木曾路的天梯，更让人生出寂寥之感"。

就像这样，以《十六夜日记》中"足柄山路远，箱根路上行"为首，关于多条路线的记述随处可见。根据《东关纪行》，三河的丰川宿"自古以来就是无法绕开的地方"，非常热闹繁华，但是据说"近来，在一个叫渡津的新路的地方，旅客突然蜂拥而至，现在丰川宿的民居甚至都尽要迁至他处"，一派冷落凋零的景象。丰川宿以南新的道路建成，跨过丰川之地"渡津"的新宿场发展起来。

连中世最大的干线道路东海道也处于这样不稳定的状态，因而特别是运输大宗货物时就需要利用船运。受伊势神宫保护的"神船"往来于伊势与东国之间，运输租税稻米或其他物资。1392 年进入武藏品川津港口的 30 艘"港船"之中，就有许多名称或所有者与伊势有关的船只。此外，文学僧人万里集久的《梅花无尽藏》之中有一首汉诗，记录了 1488 年前往伊势的船只在品川海岸沉没，数千石稻米沉入海底的状况。

伊势最大的终点站是神宫外港的大凑，如果转换陆路向京都方面运输的话，就要在伊势湾更深处的桑名或安浓津（津市）卸货。在由此开始利用交通的陆路运输中，近江商人的行会活跃起来。

在大凑的更远处，海路进一步延伸到熊野、纪州方

265

向。纪伊半岛与东国联系颇深，室町时代品川著名的
"有德人"① 铃木氏、榎本氏就是熊野出身。此外战国时
代，东国大名为了组织水军，以巨款雇佣这一带的海上势
力。后北条氏的梶原水军出自熊野，武田氏的小滨水军是
伊势出身。绕过潮岬出半岛西岸，日置川流域的安宅庄有
水军领主安宅氏，三个庄有水军领主小山氏，据说小山氏
的先祖是下野的小山氏。高桥修提出了一个假说：以镰仓
时代末期幕府派遣小山氏镇压熊野水军的起事为契机，东
国御家人小山氏开始与此地区联系起来。

若来到安宅庄一带，如前所述，可与东九州、四国海
道或北上大阪湾的航路相接。后者除了驶向兵库之外，还
可以溯流而上入淀川抵达淀，再通过车也能通行的路抵达
京都。

（4）中世的北"海"道

从敦贺或小滨出发，沿日本海沿岸向东，前往陆奥
或虾夷岛的海道是超越太平洋沿岸一侧的主干道。以陆
奥十三凑②为根据地的安东康季对 1435 年烧毁的小滨羽
贺寺再建竭尽全力，以"奥州十三凑日之本将军安倍康
季"之名留名《羽贺寺缘起》，令人联想到这条海道的

---

① 中世史料中对商人、金融业者等富裕阶层的称呼。
② 凑即港口城镇之意。

富庶。

年份记为贞应二年（1223）的《回船式目》实际上是中世后期以后形成的船法（海商法规），据说是由摄津兵库的辻村新兵卫、土佐浦户的筱原孙左卫门、萨摩坊津的饭田备前三人"为天下所召"而口述的记录。[①] 其中之一有天正九年（1581）九月十八日的后记，记录了"三津"即伊势姊津（有"应为安浓津"的注释）、博多的宇（或应为"今"）津、奥州的境（堺）津，"七凑"即越前的三国、加贺的本吉（有"应为今三马"的注释）、能登的轮岛（有"小屋"的注释）、越中的岩濑、越后的今町（有"直江"的注释）、出羽的秋田、奥州的十三凑。这是可以了解中世末期主要港口城镇名称的宝贵史料，"七凑"都是以上海道的重要港口。因此，在中世，比起古代以来北陆道这一名称，北"海"道一词更为贴切。

作为一条联系线路，北"海"道主要出现的史料是中世后期的文艺作品，其中很多描绘了可怜的主人公被一次次转卖途中的景象（义经物语的话就是逃亡路途）。我们来自西向东列举一下幸若舞曲《信太》（a）、说经节

---

① 这本书最后记载，贞应二年三月二十六日，北条义时（即"天下"，镰仓幕府第二代执权）传召摄津兵库的辻村新兵卫、土佐浦户的筱原孙左卫门、萨摩坊津的饭田备前这三位船主，询问海商法规，三人口述了三十一条。现已判明这个故事只是假托。

《小栗》（b）、幸若舞曲《笈搜》（c）三个作品里出现的
北"海"道港口城镇。若狭有小滨（a）；越前有敦贺
（a、b、c），三国凑（a、b）；加贺有小松（b），本折
（b），宫腰（a、b、c）；能登有小屋凑（a），珠洲岬
（b、c）；越中有冰见（b），六动寺（b、c），放生津
（c），水桥（b、c），岩濑（b、c）；越后有直江津（c）；
陆奥有外之滨（a）。但是，（c）中珠洲岬到岩濑之间是
作为陆路的地名出现的。

拙文《中世的北"海"道》详细论述了设有加贺、
越中、越后守护所，兼具政治中心功能的宫腰津、放生
津、直江津的情况。据东四柳史明的研究，在通向佐渡
（世阿弥『金岛书』）、直江津、富山湾内各港口，以及七
尾湾内各港口的航路分界的关键点珠洲岬，设有狼烟设备
（现在存有地名），并祭祀保佑航海安全之神高座宫（须
须神社）。此外，在博多的人口贩卖船入港之处小屋凑
（轮岛），战国时代"与金融和海运业方面有关系的商人
型山伏①"玉藏坊英性作为能登守护畠山氏被官温井氏的
代官，控制着城镇。

海岸线比较单调、沙丘众多的北"海"道也是"浅
滩"的世界。向沙丘内侧延伸的浅滩和河流不仅在平静

---

① 在山岳灵场从事转山修行的修验道行者。

的水面形成了港口，陆路也一并使用，成了与水面相连的
物流路线。根据坂井秀弥的研究，大的平原延伸开来，信
浓川、阿贺野川这样的大河随处形成浅滩并流入大海的新
浅滩周边，据说到了战后船只依旧往来。1563 年，醍醐寺
某位僧侣利用在此地区河流和浅滩通行的船只旅行。如果
是乘渡船要花费 10 文，如果是乘坐河船行驶三五千米的话
需要 100 文（国立歷史民俗博物館所蔵『永禄六年北国
下り遣足帳』）。再者，丰臣秀吉侵略朝鲜时，加贺前田家
的奉行依照丰臣家的指示，将越前国境江沼郡的稻米运送
到敦贺时，是这样委托三国凑的问丸的（『森田文書』）：

> "想将山城［山中长俊，丰臣政权的勘定方奉行］
> 这边江沼郡的稻米用河船运输到北方［北潟］，在那
> 里用驮马送到三国，再从三国用船运送到敦加［敦
> 贺］，相关事宜就拜托你们处理了。"山城是这样说的。

稻米装在河船上，沿大圣寺川而下从吉崎到北潟，在
北潟深处改为用马匹运送到三国凑，再用海船运到敦贺，
程序就是这样。在比现在浅滩面积大得多的中世时期，使
用河流或浅滩的内水面路线应该是被广泛利用的。特别是
在海上风浪大的寒冬，作为海运的辅助路线无疑是有效的
（上面那封文书的日期是正月十日）。从以上文书的其余

269

270

条目，我们可以了解到有依军事目的应对稻米大量运输的海船运输，以及船费、驮运费具有一定程度的行市。

还有补充长距离航路的本地路线。前田利家命令禁止从西海到府中（七尾）的能登半岛沿岸的十个地区辖区内的居民乘船前往其他藩国，违者将被逮捕带走（『三輪文书』）。在此处，珠洲岬向西与轮岛、三国凑方面，向东与直行佐渡、直江津、岩濑等方面的主要路线相接，连接能登半岛南侧各地的路线浮现出来。

三、挖掘出的中世港口城镇

271　　近年来，中世港口城镇的相关研究取得了突出的进展，比起文献解释上的进步，考古学调查的成果在促成这一结果中发挥了压倒性的作用。从文献上无论如何都无法得知的港口城镇和物流的具体状况，通过考古发掘逐渐明了，持续至今。并且，此前几乎未受关注的地区渐次被证实是中世重要的港口，结果进入我们视野的中世港口的数量不断增加。譬如，位于八郎潟东岸的秋田县井川町洲崎遗址出土了将独木舟再利用制作的井壁（把船切成圆片，将两块置于船底外侧，组成井口）及写有人鱼（？）的木板，这些发现出人意料。

无论是从港口的重要性来看，还是从出土文物的数量来看，最值得注意的事例是有大量发掘现场的博多遗址群。不过，《多种的日本Ⅱ　迈向新的历史》一书中大庭康时介绍了"博多"，在此，我们仅选取考古学观点所占比重最高的两个事例来做一个简单介绍。

（1）津轻十三凑

中世时期，从津轻平原流向北方的岩木川一度注入十三湖的河水，绕过与海岸平行的沙洲前端注入前潟，南下约 40 千米转向西，再汇入日本海。位于今青森县五所川原市的十三凑就是在这个沙洲前端部分到中段之间形成的港口城镇，如前所述，战国时代为"七凑"之一。北方贸易的霸者安藤氏将其根据地之一设置于此。安藤氏作为北条氏的被官，担任虾夷管领，在担负中世国家"北方镇守"之责的同时，也是具有从北海道、萨哈林岛到大陆的视野的独立对外交往者。

此外，这里是出羽、津轻海道的终点，也被视为通向虾夷岛，与西北方海道相连的贸易路线的起点。但是，十三凑出土了从北陆方向运送来的大量文物，阿依努人的文物却非常稀少。大和人、阿依努人文物混杂的情况，在更北方的大川、大滨中遗址（北海道余市町）和胜山馆（北海道上之国町）可以得到确认。因此，有必要再考察十三凑作为北方贸易终点站的这一评价。

1991 年以来，以日本国立历史民俗博物馆和富山大学

272

273 为中心举行了十三凑的综合调查，姑且绘制了 14 世纪末至 15 世纪上半叶最兴盛时期都市方案的推定复原图（图 4），作为调查的结论。据此，沙洲中央有贯通南北的中轴线，在沙洲前端以南大约 800 米处，设有横跨沙洲的土墙和壕沟。与土墙以北相接、壕沟环绕的每边 100 米左右的范围内是领主的居所，推定为安藤氏的根据地。可以想象，其周围有安藤氏家臣的宅邸群。在土墙南侧，中轴线两侧形成了城镇房屋，四处分布着寺社和家宅。

这是非常有趣的复原图，沿远离水边沙洲中央的直线道路形成的街区的形态，与自然形成的中世港口城镇印象正好相反，令人不禁感到疑惑。特别是关于沙洲西侧、前潟东岸现在街区、村落所在的场所的评价，由于发掘困难，仍留有疑问。将复原街区选址的不自然，以及大规模领主居所遗址南侧向东西展开、土墙和壕沟使沙洲前端部分成为封闭空间这两点结合起来看，我认为推定复原图所展现的都市方案，应是在军事相当紧张的情况下，因港口城镇要塞化而形成的再生构造。1432

274 年，十三凑安藤氏在与南部氏的交战中失败，面临逃亡虾夷岛的危机（『满济准后日記』）。这与推定复原图的时间吻合。

此后，对前潟沿岸的街区、村落内部进行了几处规模较大的发掘，十三凑具有中世港湾功能这一点明朗了起来。

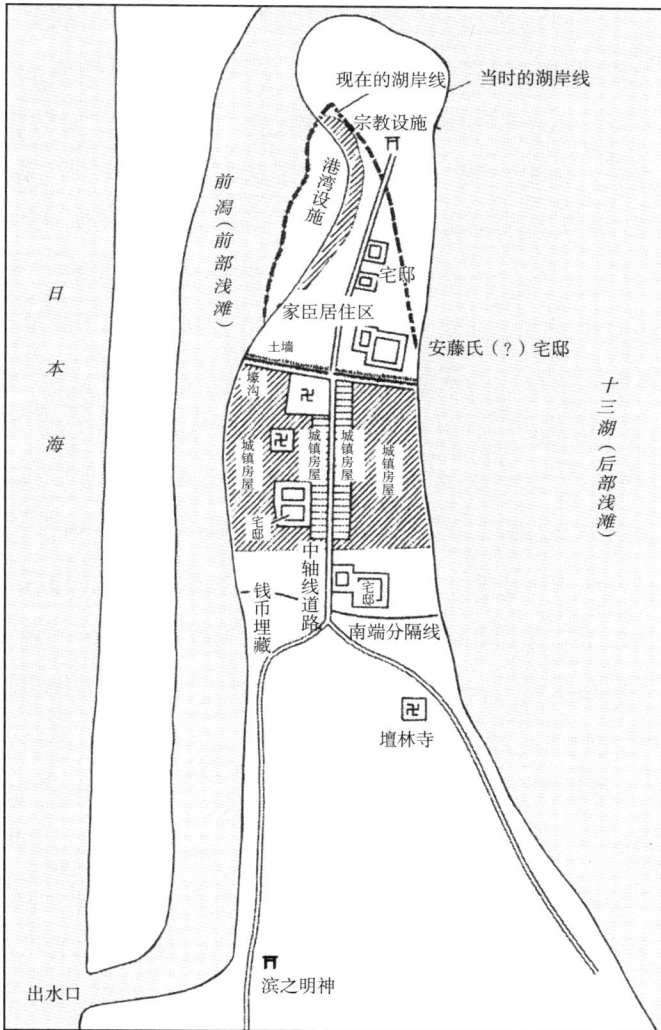

图4　15世纪上半叶的十三凑推定复原图（石井進『鎌倉びとの声を聞く』）

275　据石井进的介绍，在土墙稍北的现场出土了相当数量的 13 世纪珠洲烧的碎片，这证明前潟沿岸较早地形成了街区，商品通过日本海沿岸航路被运输至此。再者，在街村的背面，通往前潟的缓坡也发现了铺上碎石或陶片夯实的遗迹，有人认为这里是卸货的院子。再往下，被推定为中世海滩的地方出土了使用大的木材或木桩的护岸设施，在其西侧相邻的中世处于水面之下的场所中，发现了拴船用的木桩和树皮制的系船索。

（2）草户千轩町

1371 年"津轻末十三凑住吕（侣）佛子快融"抄写的大般若经现存于广岛县东广岛市安艺津町的净福寺里。这是一件讲述濑户内海海道与十三凑交流的文物，意味深长，若从安艺津稍微再向东，就可以到达中世繁荣的濑户内海航路重要港口鞆。鞆以北约 15 千米，从芦田川河口稍微回溯，河中沙洲上发现的遗址就是草户千轩遗址（鞆和草户同在广岛县福山市内）。1961—1993 年，随着河道的修整，实施了全面的考古发掘，这个在文献上只留

276　有依稀痕迹的港口城镇与反映民众生活的众多文物一起从土层中显露出来。现在河中沙洲被挖掘，附近建立的广岛县立历史博物馆费尽心力打造了草户千轩的展览，游客们可以在此切身体验中世。

草户千轩作为平安时代发送王家领地长和庄租税的仓

储地出现，在作为各地之间贸易据点的市场城镇、港口城镇繁荣发展的同时，也兼具真言律宗常福寺（今明王院）门前町①的性质。出土陶瓷当中，进口陶瓷所占比例低，由此可以看出，此处并非交通干线上的贸易港，而是具有从鞆分开，位于芦田川上游内陆区域的交通线起点的性质。这是了解中世大量存在的"普通"港口城镇样貌的不可多得的材料。参与调查的志田原重人说："与地方密切结合的草户千轩和不具备直接腹地的干线航路型港口鞆，二者结合，相互补充，是维系中部濑户内海地区中世下半叶流通经济的典型形态。"

由建筑物、水井等的快速增加，斗茶札②、钱瓮、白瓷水注③等的出土，可以知道草户千轩在室町时代前期快速发展的状况。到了室町时代中期，由于引船入城镇的小河泥沙淤积，城镇的机能停止了。由于泥沙淤积，港湾的功能受到影响，这成了草户千轩最大的敌人。虽然进行了种种努力，如修筑石堤护岸、修整船只停泊场，但室町时代末期仍快速衰退，江户时代洪水暴发，城镇被完全掩埋。因此，中世时港口城镇的样貌能够被封印至今，传递给我们（图5）。

277

---

① 寺院和神社门前形成的城镇。
② 斗茶时使用的道具。从广岛县立历史博物馆展示的展品来看，为条形、将棋形等形状的小木片，上面写有"本、非"（本茶、非茶）或"二、一"等字样。
③ 有柄有嘴的白瓷茶壶。

中世日本的内与外

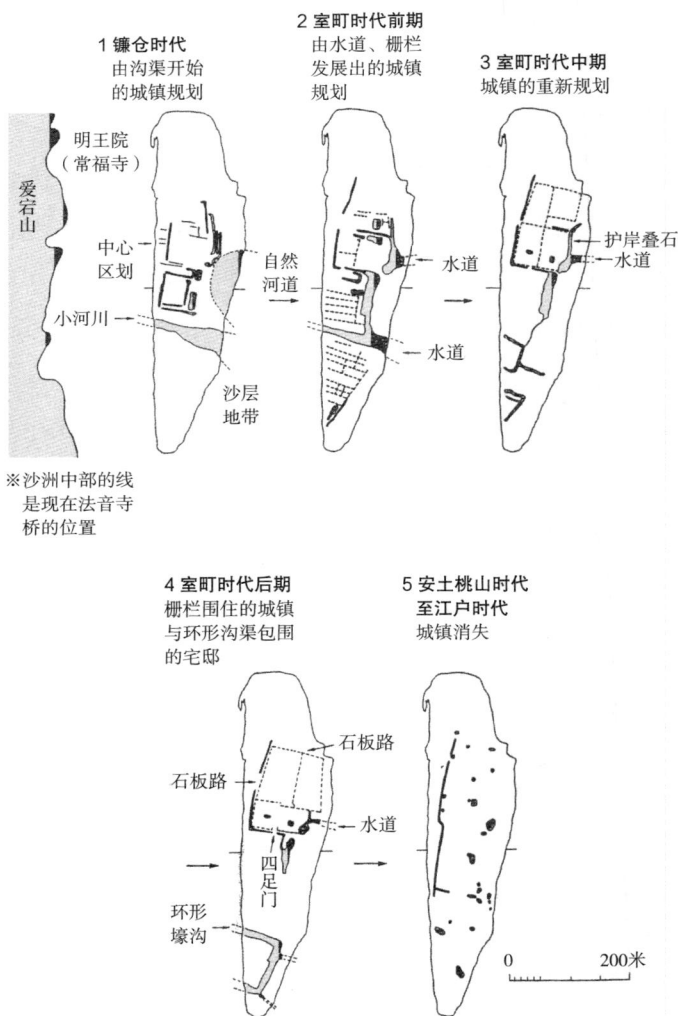

1 镰仓时代
由沟渠开始
的城镇规划

2 室町时代前期
由水道、栅栏
发展出的城镇
规划

3 室町时代中期
城镇的重新规划

明王院
（常福寺）

爱宕山

中心
区划

自然
河道

小河川

护岸叠石

水道

水道

水道

沙层
地带

※沙洲中部的线
是现在法音寺
桥的位置

4 室町时代后期
栅栏围住的城镇
与环形沟渠包围
的宅邸

5 安土桃山时代
至江户时代
城镇消失

石板路

石板路

水道

四足门

环形
壕沟

0   200米

图 5　草户千轩町遗址的变迁 （志田原重人「草戸千軒に
みる中世民衆の世界」）

　　我来介绍几个反映中世人生活的有趣材料。到了室町时代后期，围绕遗址北半部街区的石板路出现了，这被视作通往常福寺的参拜路。此外，遗址南部是有着宽10—16米的环形壕沟的方一町①家宅遗址，其中出土了烛台、天目茶碗、闻香札等。这无疑是统治阶层的宅邸。引人注目的是，此处还出土了大量被刀具分解的动物、鱼类骨头这样的生活遗迹，以及有刀伤的头骨、有火烤痕迹的四肢骨等，狗的骨头很多。这是能够颠覆中世忌讳食肉常识的发现。

　　特别值得一提的是，出土了4000件以上的中世木简。其中大多是物品的货签、附签，交易时的笔记、账本，这些是了解地方城镇物流、商业和金融活动的不可多得的资料。记录下来的文字有很多"卖""买""卸""流""和市""利分"这样的经济用语。我们举一个信息量大的例子：有一件木简前后写着"［前略］四百，借贷货物的网子，巳八月廿三，元②一百个（钱）取利息五文钱，一倍利出。十月廿日，元一百个取利息十枚，一人取出。十月卅，元一百个利息，一人取出"。解读这些内容非常困难，无法完全解释意思。但勉强可以读出，网子（渔夫）

①　町为长度单位，一町约等于109米。
②　本金。

以月息 5% 借了钱，巳岁八月二十三日偿还了与本金同样数额的利息；又某人于十月二十日以本金再加上 10% 的利率，把抵押的物品赎了回来；十月三十日又有同样的事发生。①

此外，木简中还有反映中世人精神生活的片段。写有阿弥陀或地藏名字的木板塔婆，做法事时超度故人菩提而制作的木板塔婆，佛事法会上制作的大般若经转读木札或修正会札，记录着各式各样的符咒、咒文的咒牌种类丰富，可以说这样的咒术世界正是古代木简所见不到的中世特征。除此之外，还有反映富人沉湎奢侈风流的斗茶札、闻香札。

结　语

280　　　中世的海道不是在"大和"境内终结，而是一直向外部的空间延伸。对在这里活动的商人和海运从业者来说，国内外的区别并不像现在这样具有决定性的意义。博多商人道安前往朝鲜或琉球的旅程，究竟在多大程度上有

---

① 广岛县立历史博物馆主任学艺员（相当于研究员）下津间康夫在「草戸木簡にみる流通・金融活動」（『国立歴史民俗博物館研究報告』第 92 集、2002 年 2 月）中介绍过同一件木简，其文字识读和内容解释与村井章介不尽相同。

去往了与畿内方向不同地区的意识？倒不如说，对道安来说，自己的航海圈并未涉及的关东才是无可争议的"异域"。《海东诸国纪》地图上往东日本的海上安排的空想地名们就是最好的证据。

16 世纪末，在这样内外之别微弱的感觉的支配之下，丰臣秀吉及其政权实施了侵略朝鲜的战争计划。各地参与海运的人们被动员参加兵站运输，作为御用商人被组织起来。由此，尚未完全摆脱中世分散状况的远距离物流路线逐渐在日本列岛的范围中体系化。先前介绍过，关于从加贺江沼郡到越前敦贺的军粮运输路线的整理，其命令是经丰臣政权→前田家→三国凑的问丸这样的过程传达的，命令书由三国凑豪商森田家传承，由此可见一斑。

中世日本列岛开放性的内外交流，以侵略朝鲜为转折点，转变为近世全国性的流通网络，成为连续的轨迹。这一点不可忘记。

281

参考文献

網野善彦『日本社会再考──海民と列島文化』小学館、1994 年

網野善彦・石井進編『北から見直す日本史──上之国勝山館遺跡と夷王山墳墓群からみえるもの』大和書房、2001 年

中世日本的内与外

石井進『鎌倉びとの声を聞く』NHK出版、2000年

市村高男「十二の海道——日本中世の水運と津・湊・泊」『大航海』14、1997年

宇佐見隆之『日本中世の流通と商業』吉川弘文館、1999年

榎原雅治編『日本の時代史11　一揆の時代』吉川弘文館、2003年

小林保夫「淀津の形成と展開——淀十一艘の成立をめぐって」『年報中世史研究』9、1984年

坂井秀弥「越後の道・町・村——中世から近世へ」『中世の風景を読む4　日本海交通の展開』新人物往来社、1995年

桜井英治「琵琶湖の交通」『中世の風景を読む5　信仰と自由に生きる』新人物往来社、1995年

志田原重人「草戸千軒にみる中世民衆の世界」『中世の風景を読む6　内海を躍動する海の民』新人物往来社、1995年

高橋修編『熊野水軍のさと——紀州安宅氏・小山氏の遺産』清文堂、2009年

田中健夫訳注『海東諸国紀——朝鮮人の見た中世の日本と琉球』岩波文庫、1991年

田良島哲「中世淀津と石清水神人」『史林』68-4、1985年

柘植信行「開かれた東国の海上交通と品川湊」『中世の風景を読む2　都市鎌倉と坂東の海に暮らす』新人物往来社、1994年

中村栄孝『日鮮関係史の研究』上、吉川弘文館、1965年

羽柴直人「平泉」『いくつもの日本Ⅱ　あらたな歴史へ』岩波書店、2002年

東四柳史明「日本海交通の拠点　能登」『中世の風景を読む6　内海を躍動する海の民』新人物往来社、1995年

福田秀一他校注『中世日記紀行集』新日本古典文学大系51、岩波書店、1990年

村井章介校注『老松堂日本行録——朝鮮使節の見た中世日本』岩波文庫、1987年

282

283

村井章介『東アジア往還——漢詩と外交』朝日新聞社、1995 年

村井章介『海から見た戦国日本——列島史から世界史へ』ちくま新書、1997 年（后增补为『世界史のなかの戦国日本』ちくま学芸文庫、2012 年）

村井章介「紀行文に読む中世の交通」『週刊朝日百科世界の文学 81 徒然草・方丈記・歎異抄』朝日新聞社、2001 年

村井章介「中世の北"海"道——宮腰津・放生津・直江津」『日本海学の新世紀 2 還流する文化と美』角川書店、2002 年

山陰加春夫編『きのくに荘園の世界・下』清文堂、2002 年

綿貫友子『中世東国の太平洋海運』東京大学出版会、1998 年

（本文最早收录于『いくつもの日本Ⅲ　人とモノと道と』岩波書店、2003 年）

文库版后记

　　14 年前作为筑摩书房"筑摩入门书籍"一册出版的拙著，本次收录在"筑摩学艺文库"中再版。正如我在原书后记中所写的那样，本书是以面向大学二年级学生的"日本史学入门课程"教案为基础的，我以青年人为对象写作的书籍仅此一本，实在令人感慨。我深知并不是将口语体直接换成敬体就可以，虽然花费了相应的时间，但仍后悔若是能用更为亲切平和的语气就更好了。本次却放弃再做拙劣的修改了。

　　原本的课程是六次一组，本书自然由六章组成，谈不上完全谈到了所有应谈的论点。特别是关于本书没有触及的战国时代以后的部分，本书姊妹篇《海洋视角的战国日本：从列岛史到世界史》（筑摩新书，1997 年）去年四月改名《世界史中的战国日本》，在增补、修订的基础上同样作为"筑摩学艺文库"再版，希望读者们能补充阅读此书。再者，我在引言和结语中有意识地提到了"近世的内与外"。

本书与内容上另外写作的书籍和论文，特别是《东亚中的日本文化》（放送大学教育振兴会，2005 年）重复的内容很多，但第二章提到的钱币政策与平氏政权的关系，构成第三、四、六章中心思想的日本、朝鲜比较史考察或许可以说是本书的特色。特别是第三章讨论了一个问题：日本幕府与高丽武人政权存在很多共通点，结果却命运迥异，应该如何理解这一事实？这一问题，不仅对政治史、国家史的比较，而且对世界史的远景考察也是很有必要的。

本书初版出版后经历了数年时间，需要依照后来的研究来修正的部分并不少。但由于本书具有面向 20 世纪尾声读者的叙述这一特点，故只做了最低程度的修改，仅仅删除了大部分的注音，修改了误记等。不过，关于 73—75 页（页边码，下同）提到的筑前鸿胪馆最后出现的史料，后来田岛公等人指出了与京都鸿胪馆相关的材料；175 页写到的明朝皇帝的权威保障了足利义满篡夺王权的正当性这一观点，如今我认为明朝皇帝的权威并不一定保障了这样的正当性（拙著『日本の中世 10 分裂する王権と社会』中央公論新社、2003 年、218 頁以后），此处仅

287

记录这两点，敬请注意。

再版之际，我将赤坂宪雄、中村生雄、原田信男、三浦佑之编《多种的日本Ⅲ　人、物与道路》（『いくつもの日本Ⅲ　人とモノと道と』岩波書店、2003 年）中的"总论"《列岛内外的交流史》一文增添进来，本书即成为"增补版"。本文描绘了中世水陆交通的轮廓，留心于尽量活用纪行文、文艺作品及考古发掘成果等史料和资料，此外强调了中世交通并非在日本列岛内部完结，而是具有向外延伸的特征。

作为筑摩入门书籍，本书《中世日本的内与外》于1997 年 4 月 10 日由筑摩书房出版。

作为文库本再版时，我订正了错字等，增加了《附录 列岛内外的交流史》这篇文章。

288

村井章介

2013 年 1 月 1 日

解　说

从中世探讨现代人
对外观的一本书

1　关于中世日本对外观的诸问题

构成本书基干的是作者村井章介面向预备选择东京大 289
学日本史专业的学生的入门讲义。因此本书不以中世史的
专业知识为前提，试图向未来的研究者传达中世史的魅
力，作者将自己的研究转化为浅显易懂的精华部分。本书
是"村井史学"最好的入门书，作为文库本再版，意义
非常重大。各章的记述基于《亚洲中的中世日本》（『ア
ジアのなかの中世日本』校倉書房、1988 年）、《中世倭
人传》（『中世倭人伝』岩波新書、1993 年）、《王土王民
思想与九世纪的转换》（「王土王民思想と九世紀の転換」

中世日本的内与外

『思想』847、1995 年）、《中世日本与东亚诸地域交通》（「中世における東アジア諸地域との交通」『東アジア往還』朝日新聞社、1995 年、初出 1987 年）等，适当地加上了关联的历史事项。如果想要了解各主题的详细状况，我推荐先查阅这些资料。

290 　　第一章至第六章讨论了各种各样的主题，大致按照平安时代初期到室町时代为止的时代顺序排列，而后结语部分涉及了战国时代到江户时代初期对外交流的概要。本书跨越了"日本"的框架这一点，从"中世日本的内与外"的标题来看可以说理所当然，不仅如此，本书也跨越了一般所说的"中世"（即院政时期至战国时代）的时间范围。特别是本书开篇是平安时代初期的 9 世纪，这是本书的一个特色。根据作者的观点，这一框架之所以必然，是因为延续到中世的日本统治阶层国际意识萌生于平安时代初期。这就是以日本之内为清净神国，以日本之外为污秽异土，将对自己有利的对外关系保存在观念之中的观点（第一章）。

　　这种基于内向的国际意识形成的自闭对外态势，在拥有划时代的"海洋国家"构想的平氏政权之下发生动摇，后白河法皇与宋人的会面则将其付诸现实（第二章）。作者虽未明言，但或许认为如果"开明的"平氏政权没有短命结束，中世的对外观可能会走向不同方向。但现实是

"即便到了中世后期仍然作为极为顽固的传统在不断上演着，其正统性未有丝毫动摇"（第58页）。第五章所述的足利义满死后的动向是体现这一观察的具体事例。足利义满试图摆脱传统孤立主义，派遣遣明使，与明建立外交关系，但他的尝试在死后被一一颠覆。这不单纯是继任者足利义持对父亲个人的憎恶所致，据说背后有很多对足利义满方针抱有反感的统治阶层之人。换言之，即便到了室町时代，传统的对外观也无法轻易被清除。此外9世纪由对新罗人的恐惧心理衍生的神国思想，以击退蒙古为契机进一步向广泛的阶层渗透，成了朝鲜蔑视观扎根民众中的根据（第三章）。作者认为自闭的对外态势和朝鲜蔑视观两个要素是中世对外观的特征，而这两个要素都出现在平安时代初期，因此在思考中世的对外观时，有必要将起始点放在平安时代初期。

291

　　本书作者的一个着眼点（以及作为入门讲义对日本史初学者传达的信息之一）是指出了这种中世对外观的封闭性、独善性。这是"村井史学"整体的基本立场，村井章介认为这一对外观直到现代仍然存续。稍微粗暴地整理的话，本书最终的目的是将日本人传统的对外观解释为以新罗人的海上活动和蒙古袭来为契机的历史性产物，并不具有普遍性根据。譬如关于朝鲜蔑视观，可参考第一章最后一节（50页）：

中世日本的内与外

在这一层意义上，大约 9 世纪诞生的中世贵族的世界观是否仍在影响着当今我们的对外认识，尚有反省的价值。有人从明治时代以后统治阶层的思想灌输上寻找近代日本的朝鲜蔑视观的根源，与前近代割裂开来，但我并不认为这是正确的想法。

作者对被封闭性、独善性对外观歪曲的现代历史解释也提出了异议。譬如我们来看讲蒙古袭来的第四章。一般介绍蒙古袭来的话题时会重点阐述高丽、蒙古使者的抵达，镰仓幕府的抗战态度，勇敢武士的奋战。但本章将这样的叙述称为"常识性蒙古袭来论的歪曲"，批判这是基于"狭隘的一国史视野"产生的认识。这是因为不是只有日本遭受了蒙古袭来的破坏，高丽遭受了更长时间的攻击，东南亚许多地区与日本同样成功击退了蒙古军队。这是高中世界史教科书也会提到的基本史实，如果把日本的蒙古袭来纳入世界史范围，日本就完全不是值得特别书写的存在，"神风"与镰仓武士的伟大也就被相对化了。从这层意义来看，就能做出"可以说蒙古袭来不过是根本不值一提的小事件"（120 页），以及"从遭受的损害来看，不得不说日本与东南亚各国相比是非常轻微的"（146 页）类似的评价。岂止如此，从国际角度来看，倒不如说应该给予日本差生的评价。这是因为长年以来的宿敌安南和占城面对蒙古威胁实现了国际合作，与之相对，在文永之役前夜，当三别抄反抗向蒙古示以恭顺之意的高丽朝廷，起兵并向日本请求援军时，日本没有做出任何反应。

此外本章想强调的是作为受害者的高丽的立场。譬如124—125页说："二战以前众多的研究都将高丽视作蒙古的同盟、可憎的敌军，以此煽动排外意识……这种只关注本国利益得失的狭隘视野，在与对朝鲜的统治者意识结合之时，就可以把历史歪曲到这种地步。"正因如此，作者在叙述蒙古的高丽远征时，使用了"侵入""侵略"这样具有价值判断的词语。但另一方面，作者将蒙古对南宋、日本、东南亚的军事行动看作"远征""攻略""征讨"，这种区别性的叙述方针也并非不会令人感到疑惑。我虽然理解作者的意图，但不是应该不依文字表达，而是陈述史实吗？甚至说句不好听的话，作者采取的蒙古即恶的态度，也可以说是限制在了所谓东亚（中日朝）的视野之内。

话题绕远了，回归正题。作者在第三章对高丽武人政权和日本镰仓幕府做了比较，其中所指出的事实的一部分，在本书数年之前义江彰夫发表的《朝廷、幕府的分立与日本的王权：通过与高丽、李朝王权的比较》（「朝廷・幕府の分立と日本の王権——高麗・李朝王権との比

較を通して」『アジアなかの日本史』Ⅱ、東京大学出版
会、1992 年）之中也有提到，不过作者增加了很多独特
的见解。作者认为，两者之间不同的地方虽然不少，但总
体来看共同点是很多的。虽然如此，高丽文人至上的体制
复活了，日本则直到明治维新都维持着武士政权，双方迎
来了差异性的结果。原因虽多种多样，但作者认为最大原
因是蒙古这一外压的强弱之差，这一点应该是妥当的。

　　或许作者在此想表明的是，日本的武士政权诞生并非
特殊事态，它能够长期持续，很大程度上也要归因于能允
许其存在的国际环境。将日本史与欧洲史比较，从中寻找
与欧洲共通的"普遍性"，这样的行为在二战以前很常见
（永原慶二『20 世紀日本の歴史学』吉川弘文館、2003
年、第 1 部第 4 章），但试着在历史环境接近的中国和朝
鲜寻找共通的"普遍性"这一点，受石母田正"国际性
契机论"极大影响的日本古代史学界姑且不论，实际上
在 1980 年代以前的中世史学界几乎也看不到。"包括中国
在内的亚洲各民族，没有像日本或欧洲那样进入被武士或
骑士统治的中世世界，永远无法彻底地从古代国家中摆脱
出来，在这一状况之下，我国得以成功地形成了独特的中
世世界"（竹内理三『日本の歴史』6、「武士の登場」、
中央公論社、1965 年、7 頁），对当时的日本史学家来
说，这一曾经的评价并不突兀吧。如果想一想唐灭亡以

294

后，五代王朝的武人政权接连更替的史实，就会知晓武人政治抬头的现象正是在中国率先出现（倒不如说宋克服武人政治后构筑了国家体制），绝不是仅限于日本。即便如此，简单的日本特殊论（这与以"只有日本才必然能实现近代化"为前提的日本先进论相通）意外地成了通行之说。作者的日丽（日本和高丽）比较论具有反思日本人所具有的这种思维（或者说愿望）的意义。

2　中世日本的"区域"

与作者视为问题的日本人的对外观有共通之处的，是以国家这一单位为前提，以在本国内还是本国外，或者属于哪个国家为价值基准这一点。基于污秽观的国土观念是其前提。产生这一观念的是参与国家政治的统治者阶层，他们的思想意识深刻地影响了国家，这虽是理所当然之事，但在作者看来，这样的对外观在中世广泛渗透到一般民众中，影响持续到近现代。不过，这样的思想绝非均等地笼罩着日本。譬如作者指出信浓善光寺把百济视作与日本同等的存在，其中看不到朝鲜蔑视观，其背景是东国污秽观念薄弱，这一点与污秽观念和朝鲜蔑视观很强的日本西部地区不同（47—49 页）。由此也可以窥视到网野善彦《东西讲述的日本历史》（『東と西の語る日本の歴史』そしえて、1982 年。后由讲谈社学术文库再版）的影响。在这部充满热情的著作中，网野善彦批判了日本为单一民族国家的俗说，着重探讨了东国、西国等国内各区域的差别，重新建构了日本史的叙述。

296　　　作者在第二章讲述平氏政权时，评价平氏政权具有"紧靠海洋，把对外关系和贸易当作国家权力基础的'海洋国家'构想"（58 页），这也是继承了网野善彦认为平氏政权旨在"建立海洋性西国国家"的观点（前述书第八章）。但与网野善彦仅停留在提出平氏的海洋志向相对，作者认为海洋国家构想的前提是跨国界的人类集团的活动。具体来说，作者认为前提是宋朝海商贸易活动的活跃化，甚至是乘坐宋船的日本人、居住在博多的宋人、日宋混血儿等跨越国家范畴并活动的人。作者认为，12 世纪他们的活动促成了连接多个国家周边地区的"区域"，平氏参与其中，因而才能萌生"海洋国家"的构想。

很久以来，人们通常认为平氏在日本对外关系中发挥了划时代的作用。虽然近年来也有积极支持这种观点的见解（高橋昌明『平清盛 福原の夢』講談社選書メチェ、2007 年），但也出现了对此持慎重意见的观点（山内晋次「平氏と日宋貿易」『神戸女子大学古典芸能研究センター紀要』6，渡邊誠「後白河・清盛政権期における日宋交渉の舞台裏」『芸備地方史研究』282、283。两篇论文均发表于 2012 年），在此我对这一观点的正确与否存而不论。更为重要的是，这一章假定海上有跨越国家的"区域"，列举以此为根基，把"区域"当成生活舞台的人们的存在，认为其中隐藏着改变国家形式的可能性。这一点在其《中世日本列岛的地域空间与国家》（「中世日本列島の地域空間と国家」『アジアなかの中世日本』）一文中有着更为理论性的介绍。这一主张意味着中世人的生活圈（"区域"）并不一定由近代日本国的国界划分。换言之，"区域"设定并不是近代日本国家的范围内如何划分这样的简单问题，而且国家疆域本身也并非不证自明（即不是所谓的"固有领土"）。这样的问题意识是对以国家为中心描绘的历史像提出的异议，这一点与前述独善性的对外观的认识也是相通的。作者虽未直接涉及，但也可以说与 1980 年代以后兴盛的国民国家论研究有共通性。

　　在这样的背景下，我们也可以理解在本书文库版附录中收录的《列岛内外的交流史》一文。作者对把中世日本沿海划分成 12 个航海圈并讨论其特征的市村高男的观点展开了多点批判，其中一点是"限定在当今日本国家范围内"的解释方式。这里作者重视的是以博多商人道安的地图为基础绘制的《海东诸国纪》所载的地图，其中描绘的航路并未在西国沿海部断绝，而是延伸向海外，此外，地图没有记录东国的航路。对道安来说，比起朝鲜或琉球，东国才是"异域"。作者认为，"对在这里活动的商人和海运从业者来说，国内外的区别并不像现在这样具有决定性的意义"（280页），即强调在中世的商品流通中，国界并不带有决定性的意义。这是与沿流通线路的人的移动和文化传播也相关的问题。

298

关于国界的历史性，作者在引言部分概述北海道被纳入日本疆域的过程时明确提到，"国籍""国界"概念被日本接受是在江户时代末期至明治维新时期。北海道居民阿依努人直到江户时代都在国家政治统治之外，是生活在国家疆域缝隙扩展之处"境界"的居民。但到了近代，这一"境界"被日本、俄国排他性地分割开，以线条表示，替换为国界。现代人的国土认识是以这种排他性的国界为前提的，但这不过是历史性产物，并不具有普遍性。

讨论日本与朝鲜间海域的第六章更为鲜活地描述了"区域"的融通无碍。这是作者的研究中最受欢迎也最具有刺激性的部分。本章的主演是以对马岛和朝鲜半岛南岸为活动舞台的倭人，但他们中有些人是朝鲜人与倭人的混血，有些人父母都是朝鲜人（因此倭人并非与所谓日本人完全一致）。当时日本与朝鲜之间的海域（对马岛等岛屿及朝鲜三浦）不仅有日本人，也有朝鲜人杂居，甚至包括被掳明人等，并不是一个因民族而隔开的世界。无论对日本还是对朝鲜来说，这些居民都是居住在边境场所、

境界的人，因此带有日朝间媒介的性质。作者将他们称作 299
"境界人"，这一性质在第二章讨论的宋朝海商身上也是
共通的。自 1980 年代到现在，室町时代日朝关系史是中
世对外关系史研究的时兴领域，但作者的研究之所以能在
其中大放异彩，是因为他不局限于所谓日朝外交史或朝鲜
的倭人管理制度史，而是将关注的焦点放在了跨越国家范
畴的人们身上。

对缺乏资源、以对马居民为中心的倭人来说，与朝鲜
的关系是关乎他们死活的问题。因 1419 年的"应永外
寇"事件，对马与朝鲜的交通一度中断，之后倭人乔装
成对马伪使，乞求让对马成为朝鲜内的一州，但作者断
定，对倭人来说，比起对马属于日本或朝鲜，维持与朝鲜
的贸易才是更为重要的问题。作者还指出，如果不只关注
土地也关注人的话，还能发现有不堪重役投身倭人的朝鲜
民众的存在。因日常交流而生成"区域"的运动，有时
跨越了国家的逻辑，很可能让这一结构自身也流动起来。

3　若干感想

以上，我添加了一些改编和解释，对本书内容做了一
个概括。与字数相比，可知很多主题言不尽意。基于我拙
劣的概括和粗浅的见识，有识者如果读一读无疑还能看出 300

更多的其他主题。不过，本书是 14 年前出版的（原本的讲义还要更早），关于个别论点，有的因为后来的研究发展而更加精细化，有的则被否定了。本书平衡精妙，"村井史学"的精华镶嵌于各处，稍加细微的调整都唯恐画蛇添足，最后我仅举出一处大的框架，希望谈一谈个人的一点浅见。

这就是对外交的评价。如第二章所述，平安时代的贵族们通过海商确保了唐物的入手途径，但作者评价说："在不与外国建立正式关系的前提下，庄园制为贵族们提供了入手'唐物'的捷径。"（58 页）这里的"与外国建立正式关系"就是指外交关系，作者认为在庄园制下，入手唐物是以在日本和宋之间往返的海商为媒介的。换言之，作者认为不建立外交关系而通过海商入手唐物是"捷径"而非正当形式，甚至可以说，作者认为像遣唐使、遣明使那样伴随国家间交涉的对外交流才是对外交流本来应有的形态。

就此，我们来看讨论遣明使的第五章的话，瑞溪周凤认为明授予的"日本国王"称号是以与明贸易权为内容的一个名义，但足利义满与其看法不同，真的计划在东亚社会中找到"日本国王"的位置，在对外态势方面，作者给予足利义满肯定评价，给瑞溪周凤否定评价。此外，作者叙述足利义满为篡夺王权试图利用明的权威，最后结论认为即便足利义满能够成功，考虑到足利义满死后根深

301

蒂固的"逆流"(包括与明断交)的话,也无法长期持续下去(185页)。从"逆流"一词来判断,作者认为足利义满的路线正确,对颠覆足利义满路线的足利义持及其支持者则给予了负面评价。但是,关于足利义满利用日本与明的关系来实现国内政治目标的说法,作者本人后来也做出了修改(参考本书文库版后记)。这样的话,也需要重新讨论作者否定足利义满外交的"经济主义解释"(以经济利益为目的派遣遣明船)这一点。桥本雄认为,在足利义满时期的日明关系之中,倒不如说显示出积极姿态的是明一方,足利义满一方的动机是筹措营造北山殿的费用(「遣明船の派遣契機」『日本史研究』479、2002年);最近的研究多关注室町幕府财政等经济方面(早島大祐『室町幕府論』講談社選書メチェ、2010年,小川剛生『足利義満』中公新書、2012年)。足利义满作为"日本国王"出现在国际社会中虽然是事实,但作为其前提,必须意识到明朝的非国家使节不能贸易的对外政策才是特殊的。反过来说,纵然反复招谕,日本也没有与宋、元建立外交关系的根本原因就是宋、元不存在由派遣资格所设定的贸易限制。换言之,以国家的身份加入国际社会并无优势可言(不加入也没有劣势)。

如果从批判日本人自闭的对外观这一本书目的来看, 302
作者高度评价足利义满加入国际社会的态度就很自然了。

中世日本的内与外

但在从外交活动本身寻找价值之前，从中世之人的视线来考虑的话，这一状况究竟在多大程度上是必然的？暂且不论因唐进入朝鲜半岛，倭国面临国家存亡危机的 7 世纪下半叶，在藩镇割据、唐动员全国采取军事行动变得困难的 9 世纪，中国陷入政治分裂的 10 世纪，北方辽金政权与南方宋政权因对峙而无法实施大规模海外远征的 10 世纪末至 13 世纪中叶，日本都没有实施以自卫为目的的外交交涉的必要。日本的统治阶层也意识到这一事实，譬如 792 年废除奥羽、九州以外的军团，应该就是受了安史之乱后唐的军事威胁减弱的影响（榎本淳一「「東アジア世界」における日本律令制」『律令制研究入門』名著刊行会、2011年）。因军队规模缩减而造成的贵族阶层的不安，成了对新罗人活动持戒备心的原因之一（渡邊誠「平安貴族の対外意識と異国牒状問題」『歴史学研究』823、2007年），在客观上这却不是威胁日本国家程度的问题，虽偶尔发生局部事件，但日本列岛直到镰仓时代中期的长时间里都没有遭受严重的外部压力。而且通过海商和僧侣的活动，必要的海外物资和信息也不断地进入日本。

既然这种幸福的国际环境无须辛劳即可确保，维持下去的最有效策略就是坚持不加入国际社会的现状，倒不如说多余的外交活动会增加卷入国际纷争的危险。譬如第四章提到，三别抄提议与日本联合。对当时的日本而言，从现实政治和战略层面来说，最好的应对选项是什么？朝廷是否能够正确理解三别抄送来的牒状背后的国际形势，这一点值得怀疑，但朝廷能理解请求日本共同对付蒙古，或至少认为有受到求援的可能性（138页所引《吉续记》）。三别抄已经陷入继江华岛后珍岛也要被占领的劣势（珍岛陷落是在1271年五月，朝廷审议牒状是在九月），当时的日本即便无从知晓此事也很容易想象，接受三别抄的请求等于对蒙古采取决定性的敌对行动。可以说，当时的日本统治阶层具有不做此类最坏决断的国际视野。而且三别抄本身拥戴王族，否定开城府的元宗朝廷，其军事行动既带有反抗蒙古的特征，也带有高丽正统之争的内乱性质。若日本此次介入，不只是与蒙古，无疑还会与对日远征态度消极的高丽为敌。或许从现代韩国人的视点来看，与打着百济复兴的旗号出兵同新罗、唐交战的白村江之战一样，这会被批判为日本的侵略主义。换言之，积极外交本身应当受到积极评价吗？或者反过来说，消极外交就是外交无能的体现吗？这些问题尚有考虑的余地。

　　以上内容有点最后在鸡蛋里面挑骨头的感觉，但我想以此结束对本书的解说。写到这里，如果还要说点什么的话，那就是比起我的某些强词夺理，本书所揭示的丰富史实才是其有趣之处。譬如三浦之乱后，作为朝鲜限制与对马通交规模的应对措施，对马为确保通交规模，派遣伪 304

中世日本的内与外

使，搜集其他地方的通交名义并继续使用，因而朝鲜所获得的日本情报多被经由对马的信息占据，其真实与否甚至都无从确认，等等（这导致了应对丰臣政权的错误，217—222 页）。这因果关系如此讽刺之至，努力生存下来的对马居民的厉害之处也令人感叹。或许，首先把本书当成一部了解教科书和概说书里被隐去桥段的有趣的历史入门书来读是最为正确的。

最后，我写点个人的东西，尽管有些"画蛇添足"。大学本科到研究生期间，我都接受了本书作者村井章介的指导。我"故意"不愿完全接受老师的观点，吹毛求疵地求索至今，即便如此，最终我还是与老师一样，将 9 世纪看作中世日本对外关系最大的转折点（拙著『僧侶と海商たちの東シナ海』講談社選書メチェ、2010 年）。我得出结论的过程与以对外观为切入点的本书不同，但论据则是以东海为活动场所的海商的登场，也就是本书所说的"区域"的生成。结果，我不过是做了些挑毛病的工作，在大框架上也许还是在老师的手掌心里兜圈子。

305

　　　　　　　　　　　　　　　榎本涉

　　　　　　　国际日本文化研究中心副教授

图书在版编目（CIP）数据

中世日本的内与外 /（日）村井章介著；康昊译
. --北京：社会科学文献出版社，2021.8
ISBN 978 - 7 - 5201 - 8366 - 6

Ⅰ.①中…　Ⅱ.①村…②康…　Ⅲ.①日本 - 中世纪
史　Ⅳ.①K313.3

中国版本图书馆 CIP 数据核字（2021）第 095114 号

中世日本的内与外

著　　者 / 〔日〕村井章介
译　　者 / 康　昊

出 版 人 / 王利民
组稿编辑 / 董风云
责任编辑 / 沈　艺　成　琳

出　　版 / 社会科学文献出版社·甲骨文工作室（分社）(010) 59366527
　　　　　　地址：北京市北三环中路甲 29 号院华龙大厦　邮编：100029
　　　　　　网址：www.ssap.com.cn
发　　行 / 市场营销中心（010）59367081　59367083
印　　装 / 北京盛通印刷股份有限公司

规　　格 / 开　本：889mm×1194mm　1/32
　　　　　　印　张：8.5　字　数：155 千字
版　　次 / 2021 年 8 月第 1 版　2021 年 8 月第 1 次印刷
书　　号 / ISBN 978 - 7 - 5201 - 8366 - 6
著作权合同
登 记 号 / 图字 01 - 2021 - 0663 号
定　　价 / 56.00 元

本书如有印装质量问题，请与读者服务中心（010 - 59367028）联系

▲ 版权所有 翻印必究